제5판

인적자원 개발의 기초

임세영

박영사

머리말

한나 아렌트는 활동하는 것은 인간의 조건이라고 하였다. 사람이 산다는 것은 의미 있는 과업을 찾아 땀 흘리며 활동하는 것이라는 뜻일 터이다. 세상에는 단순한 일도 있고 복잡한 일도 있지만 어떤 일이든 잘 하기 위해서는 일하는 데 필요한 능력이 요구된다. 그래서 일하는 능력을 발굴하고 개발하는 것은 모든 사람에게 필요한 활동이다. 인적자원개발이란 사람의 일하는 능력을 키우기 위한 일련의 활동을 말한다. 본서는 인적자원개발이라는 개념을 처음 접하는 독자들을 염두에 두고 기초 개념과 현황을 개관하고, 실용적인 방법론은 선택적으로 다루었다.

이 책을 집필하게 된 것은 저자가 맡은 일과 관계가 깊다. 대학 새내기들에게 인적자원개발(HRD 개론)이란 생경한 과목을 강의하면서 기업인적자원개발을 주로 다루고 있는 기존 서적들로는 충족되지 않는 아쉬움에서 출발한 것이다. 무엇보다도 평생학습사회를 맞아 자기주도적 학습 역량이란 시대적 요구를 받고 있는 젊은이들 개개인이 인적자원개발의 중심임을 논하고 싶었고, 나아가 인적자원개발에서 있어 국가의 역할이 중요한 축을 이루고 있는 우리나라의 현실을 반영해야 한다고 생각했다.

인적자원이 개인에게 귀속되는 가치라고 보는 인식은 매우 중요하다. 인적자원개발을 기업의 일로 제한한다면 이는 기업을 위해 개개인이 지닌 재능을 최소비용을 들여 최대한 활용하려는 경제적 도구적 활동이 된다. 국가의 경제발전을 위하여 인적자원개발을 한다면 국민을 동원하고 활용하는 활동이 되기 쉽다. 그러나 민주주의 사회에서 인적자원은 궁극적으로 개인에게 귀속된 가치라는 관점에 이견이 있을 수 없다. 개인이 인적자원개발의 주체가 되어, 자신에게 귀속된 인적자원을 어떻게 꽃피우게 할 것인지, 조직이나 국가에 의해 조성되는 인적자원개발의 제도와 환경은 무엇이며 어떻게 활용할 수 있는지 배울 필요가 있다. 다수의 서적이 인적자원개발을 기업조직 수준에서 다루는데 비하여 이 책은 개인수준과 국가수준의 인적자원개발을 기업수준과 같은 비중으로 다루었다.

최근 인적자원개발이란 용어가 기업, 정책입안자, 진로교육전문가, 방송과 신문, 인터넷 뿐 아니라, 대학이나 다른 교육기관에도 확산되었다. 재학생의 취업준비활동을 돕는 인적자원개발센터나 경력개발센터 등이 대학에 설립되고 있다. 개념의 적용범위가 넓어지고 분화되는 것은 인적자원개발에 대한 관심이 높아지고 있다는 의미이고, 이에 따른 개념과 이론의 재구성이 필요하다는 의미이기도 하다.

이 책은 먼저 사람의 일하는 능력을 키우는 활동인 인적자원개발의 개념을 설명하고(1장), 인적자원개발의 현상을 개인수준(2–3장), 기업조직수준(4, 5, 6장), 국가수준(7, 8, 9장)으로 구분하여 설명한다. 개념의 정의에서부터 사례의 설명에 이르기까지 한국의 현실과 실정에 적합한 지식이 무엇인지 찾아 담고자 노력하였으나 저자의 짧은 식견과 경험으로 인하여 뜻한 바대로 쓰지 못하였다. 이 점에 대한 독자들의 관용과 질정을 바란다.

이 책을 완성하기까지 도움을 주신 모든 분들께 감사드린다. 특히 나의 HRD 개론 강의를 수강하며 좋은 생각을 더해준 한국기술교육대학교 학부 학생들과 대학원 인력개발학과 학생들께 감사드린다. 그리고 HRD 개론 강의를 함께 맡아 좋은 책이 될 수 있게 힘을 보태준 최규영, 오명진 선생께 감사드린다. 이 책의 기획부터 책이 나오기까지 말벗이자 비판적 검토자, 교정자로 참여한 아내 최현숙에게 고마움을 전한다. 단, 이 책의 모든 부족과 흠결에 대한 책임은 저자의 몫이다.

2016. 8.

임 세 영

개정판에 부쳐

개정판은 초판의 기본체제와 논지는 그대로 유지하되 서툰 표현을 다듬었고(1~3장), 부족하게 느꼈던 OJT 부분(6장)을 전면 수정하였으며, 법이 개정됨에 따라 달라진 내용(9장)을 수정 보완하였다. 인용한 통계자료도 최신 자료로 교체하였다. 1년 만에 개정판을 출간할 수 있도록 도와주신 박영사의 안종만 회장님과 김선민, 나영균 선생께 감사드린다.

2017. 8.

임 세 영

제3판에 부쳐

다시 개정판을 내게 되었다. 이번 개정을 통해 본서를 사용하는 과정에서 발견된 어눌한 표현을 다시 다듬었고, 인용 자료와 통계 등은 최신자료로 수정하였다. 인적자원개발의 개념 설명(1장)을 평이한 문장으로 고쳐 썼고, 직업능력개발훈련 제도에 대한 설명(8장)을 보완하였다. 개정판을 위해 심도 있게 검토하고 좋은 의견을 내주신 박지원, 최규영, 오명진, 유민희 선생께 감사드리며, 편집으로 수고해 주신 박영사 김선민 선생께 감사드린다.

2020. 1.
임 세 영

제4판에 부쳐

최근 인구구조 및 산업구조 변화에 따라 직업능력개발부문에서 [근로자직업능력개발법]이 [국민평생직업능력개발법]으로 개정되는 등 제도운영에 의미 있는 변화가 이루어졌다. 이를 반영하여 본서 제8장을 수정하였으며 기타 시간의 흐름에 따라 새로워진 통계 자료 등의 수치를 수정하였다. 수정에 도움을 주신 여러분들께 감사드린다.

2022. 1.
임 세 영

제5판에 부쳐

이번 개정에서는 본서를 수업에 활용하는 분들의 제안을 받아 제6장을 인적자원개발을 위한 교수학습법으로 바꾸었다. 현장훈련(OJT)에 집중되었던 종전의 내용을 기업내 인적자원개발에서 주로 활용되는 강의법, 토의법, PBL 등으로 확장한 것이다. 학습을 촉진하는 교수자의 역할을 구체적으로 기술하는 데 역점을 두었다. 그리고 최근의 자료를 기반으로 인용된 관련 법령과 통계자료를 수정·보완하였다. 수정에 참여해 주신 오명진 선생님께 감사드리고, 박영사 김선민 이사님께 감사드린다.

2025. 7.

임 세 영

차 례

제1장 인적자원개발의 개념

1. 인적자원개발의 개념 정의와 해석 ······ 5
1.1 인적자원의 주인으로서 개인 6
1.2 인적자원개발의 주체는 개인, 조직, 국가 7
1.3 형식적 일반교육은 인적자원개발에 포함되지 않는다. 11
1.4 역량과 전문성 개념 12
2. 인적자원개발 개념의 기원 ······ 15
3. 인적자원개발의 인접개념 ······ 18
3.1 인적자본과 인적자원 18
3.2 숙련형성과 직업교육 20
3.3 산업인력개발 21
3.4 직업기술교육훈련 21
3.5 직업능력개발훈련 22
4. 종합 정리 ······ 23

제 2 장 일하는 삶의 여정과 평생학습

1. 일하는 삶의 여정으로서 경력 ········ 29
2. 평생학습의 개념 ········ 32
3. 평생학습의 범주와 관점 ········ 35
   3.1 지식경제론과 평생학습 36
   3.2 개인 중심 평생학습론 38
4. 종합 정리 ········ 46

제 3 장 학습의 계획과 실행

1 학습하는 방법의 학습 ········ 52
2. 인지와 초인지 ········ 56
3. 인지 전략 적용 자기조절학습 ········ 59
   3.1 목표설정 및 계획수립 60
   3.2 학습활동의 실행 62
   3.3 관찰과 성찰 66
   3.4 평가 69
4. 종합 정리 ········ 69

제 4 장 기업인적자원개발의 체계

1. 인적자원개발 부서의 조직 내 위상과 과업 ········ 74
2. 개인의 훈련과 개발 ········ 77

3. 경력개발 79
4. 조직개발 84
5. 기업의 성과지원을 위한 전략적 인적자원개발 87
6. 종합 정리 89

제5장 교수체제개발 모형에 따른 교육훈련 프로그램 개발

1. 분석 95
2. 설계 97
3. 개발 101
4. 실행 102
5. 평가 105
6. 종합 정리 108

제6장 인적자원개발을 위한 교수 · 학습법

1. 강의법 114
2. 토의법 118
3. 프로젝트기반학습 120
4. 현장훈련 125
5. 실행학습 128
6. 종합 정리 133

제7장 21세기의 국가인적자원개발

1. 국가인적자원개발의 유형 ······ 141
2. 대한민국 국가인적자원개발의 헌법적 기초 ······ 145
3. 국가인적자원개발의 영역과 기능 ······ 147
  3.1 인적자원의 형성 148
  3.2 인적자원의 배분 152
  3.3 인적자원의 활용 153
  3.4 인적자원개발을 위한 사회적 자본 155
4. 국가인적자원개발 관련법 ······ 156
  4.1 산업교육진흥및산학연협력촉진에 관한 법률 157
  4.2 진로교육법 158
5. 종합 정리 ······ 160

제8장 직업능력개발훈련

1. 직업능력개발훈련의 개념 ······ 168
2. 교육과 훈련의 구별 ······ 172
3. 직업능력개발훈련 대상의 변화 ······ 174
4. 국가자격제도와 직무능력표준 ······ 177
5. 직업능력개발의 법적 기초와 관련 사업 ······ 181
  5.1 고용정책기본법 181
  5.2 직업능력개발사업 183
6. 종합 정리 ······ 188

제9장 인적자원개발을 위해 일하는 사람들

1. 평생교육사 ········· 194
2. 인적자원개발담당자 ········· 199
3. 직업능력개발훈련교사 ········· 203
4. 종합 정리 ········· 209

참고문헌 ········· 211

찾아보기 ········· 212

제1장

인적자원개발의 개념

학습목표

❶ 인적자원개발의 개념을 구성하는 인적자원의 주인으로서 개인, 인적자원개발의 주체, 인적자원개발과 형식교육, 그리고 인적자원개발의 결과인 역량과 전문성을 설명할 수 있다.

❷ 인적자원개발 개념의 기원을 설명할 수 있다.

❸ 인적자원개발의 개념 이해와 관련된 인적자본과 인적자원, 숙련형성과 직업교육, 산업인력개발, 직업기술교육훈련, 직업능력개발훈련 등의 차이를 설명할 수 있다.

인적자원개발의 기초

제1장

인적자원개발의 개념

일과 밀접한 관련을 맺으며 살아가는 사람의 일생은 일을 중심으로 구분할 수 있다. 일하기를 준비하는 성장기, 일을 통해 생산에 기여하고 자기를 실현하는 청·장년기, 일로부터 벗어나 삶을 통합하고 마무리하는 은퇴기로 구분하는 것이다. 일하는 삶은 가정생활, 취미생활, 인간관계 등 행복한 삶을 구성하는 것들에 중요한 영향을 미친다. 일은 삶을 구성하는 중요한 요소이기에 일을 좋아하고 잘하는 것은 삶의 기둥 하나를 잘 세우는 것과 같다. 일하는 삶이 부실하면 개인적 성취나 관계 등도 바로 세우기가 어렵다. 일하는 삶을 잘 일구는 것은 생활을 영위하는 데 필요한 자원을 획득하고 사회적 관계를 확립하며 스스로 자존감을 확립하는 토대가 된다.

일을 잘하기 위해서는 배워야 한다. 일마다 하는 방법이 있고, 숙달해야 하는 기술이 있다. 또 일에 필요한 지식과 기술은 날로 새로워지고, 일의 분야와 종류도 분화와 통합을 거듭하며 지속적으로 변하고 있다. 그래서 일하는 능력에는 지금 주어진 일을 하는데 필요한 능력뿐 아니라 새로운 기술과 과제가 등장했을 때 이를 다시 이해하고 습득하는 능력까지 포함된다. 일하는 능력의 개발은 자신이 뜻하는 것의 실현 가능성과 미래의 경쟁력으로 이어지기 때문에 일하는 능력을 기르는 인적자원개발은 개인, 조직, 그리고 국가 차원에서 매우 중요한 관심사이다.

개인적인 측면에서 장기간에 걸쳐 이루어지는 학교교육은 일하는 능력의 개발과 진로개척으로 마무리되고, 취업 이후에도 지속되는 평생학습은 경력의 유지, 개발과 긴밀한 관계를 맺는다. 조직은 구성원들이 지닌 일하는 능력을 연계, 통합하여 제품과 서비스를 산출한다. 이때 조직은 구성원의 능력을 고정된 것이 아니라 지속적으로 성장, 발전하는 것으로 보고, 끊임없이 종업원의 일하는 능력을 향상하기 위한 교육과 훈련을 실시한다. 국가는 국민 개개인이 지닌 일하는 능력을 국가의 부를 구성하는 중요 요소로 보고(Smith, 1776), 국민의 경제적 풍요와 삶의 질을 높이기 위해 인적자원개발을 위한 제도를 확립하고 재정을 투입하여 인적자원을 개발한다. 1960년대 초, 국민 1인당 연평균소득이 80달러 수준이었던 대한민국이 빈곤의 악순환에서 벗어난 것은 인적자원의 개발을 위한 국가의 제도 확립과 재정 투입에 힘입은 바 크다(김장호 외, 2005).

바라보는 관점에 따라 다소 차이가 있지만 넓은 의미에서 인적자원개발이란 사람의 일하는 능력을 육성하고 강화하고 개선하는 활동이다. 다시 말해서 인적자원, 즉 사람이 지닌 일하는 능력을 발굴, 육성, 강화하는 여러 가지 활동이 인적자원개발이다. 이 장에서는 인적자원개발의 맥락, 개념과 의미, 기원, 그리고 인접개념들과의 공통점과 차이점을 살펴보고자 한다.

1. 인적자원개발의 개념 정의와 해석

개념이란 어떠한 사물이나 현상들의 공통성을 중심으로 만든 지식이다(신현정, 2000). 우리가 나무(木)와 숲(林)을 그림으로 그리지 않아도 약속된 글자로 표기할 수 있는 것과 같이 개념은 소통을 위한 일종의 약속이다. 개념들이 연결되어 구성된 이론은 사실을 포착하는 그물과 같다(Popper, 1994). 그리고 개념을 정의할 때 중요한 것은 개념과 사실의 관계가 일치해야 한다는 것이다. 우리가 이 책에서 약속하는 인적자원개발이라는 개념은 이 책이 다루는 인적자원개발이라는 사실을 잘 담을 수 있어야 한다. 인류 역사의 시작과 함께 나타났으리라고 생각되는 인적자원개발은 그 범위나 대상, 목적과 의도, 유형과 방법이 매우 다양하다(Swanson, 2010). 이를 합리적으로 논의하기 위해서는 사실을 기반으로 개념을 분명하게 정의할 필요가 있다.

본서에서 인적자원개발이란 사람의 일하는 역량과 전문성을 발굴, 육성, 강화하는 것과 관련된 여러 가지 의도적인 활동을 말한다. 이 활동에 참여하는 활동 주체는 크게 개인, 조직, 국가로 구분할 수 있다. 개인수준에서 인적자원개발이란 자신이 일하는 데 필요한 능력을 습득, 육성하기 위해 학습하는 것이다. 조직에서 인적자원개발은 구성원의 역량과 전문성을 교육, 훈련, 개발하는 것이며, 국가 수준에서 인적자원개발은 개인과 조직 등이 수행하는 이러한 활동을 지원하는 제도를 확립하고 촉진하는 활동이다. 그동안 인적자원개발이란 무엇인가에 대한 개념 정의와 설명은 매우 다양하게 이루어졌다.[1] 여러 필자에

1) 스완슨(Swanson, 2010)은 인적자원개발의 개념 정의 사례 18가지를 열거하고 각각의 정의, 핵심요소, 배경이론 등을 분석하였다. 이어지는 논의에 참고할 수 있는 전통적 인적자원개발의 정의는 다음과 같다: 인적자원개발은 ① 성과향상과 개인성장의 가능성을 육성하기 위해 고용주가 제공하는 조직화된 학습경험(Nadler & Nadler, 1989,

의해 이루어진 정의와 본서의 정의를 비교할 때 본서의 정의는 아래와 같은 특징을 내포하고 있다.

첫째, 인적자원의 궁극적 주인은 개인이다.

둘째, 인적자원개발의 주체는 개인, 조직, 국가 등 주체적으로 목표를 수립하고 목표달성을 위한 수단을 투입할 수 있는 개인이나 집단이다.

셋째, 넓은 의미의 인적자원개발 활동에는 모든 형식, 비형식 학습과 경험을 포함시킬 수 있으나 본서에서는 '일하는 데 필요한 능력의 학습, 교육, 훈련 및 개발'에 제한하고자 한다.

넷째, 인적자원개발의 결과에 대해서는 포괄적 의미의 '역량'을 사용하지만, 경우에 따라 역량과 구별하여 경험과 시간의 흐름에 따라 심화되는 '전문성'이라는 말도 사용하고자 한다. 다음에서 이상 네 가지 특성에 관해 구체적으로 논의하였다.

1.1 인적자원의 주인으로서 개인

인적자원의 궁극적 주인은 개인이다. 조직의 관점이든 국가의 관점이든 개인에게 내재된 개발 가능성이라고 정의되는 인적자원의 주인이 개인이라는 점은 부인할 수 없다. 지식, 기술, 태도와 의지 등 인적자원이 물적 자원과 다른 점은 일차적으로 인격적 주체인 개인에게 귀속되어 있다는 것이다. 인격을 가진 인간에게 귀속된 인적자원은 도덕적 행위의 주체인 인간이 직무 상황에 적합하게 도덕적 의지와 주관적 판단에 따라 능력을 발휘할 때 가치가 실현된다. 헌법 전문에 언급된

---

p. 6); ② 직무, 개인, 조직을 향상시킬 목적으로 성과향상과 개인성장을 위해 조직에서 실행되는 조직화된 학습활동(Gilley & Eggland, 1989, p. 5); ③ 성과향상을 위해서 조직개발과 개인훈련 및 개발을 통해서 인적자원의 전문성을 개발하고 발전시키는 과정((Swanson & Holton, 2001, p. 4).

이념 중 하나인 “각인의 기회를 균등히 하고, 능력을 최고도로 발휘하게” 한다는 말에도 능력발휘의 주체는 주권자인 개인임이 분명히 드러나 있다(1.5절 참조). 인적자원개발은 원유 같은 광물 자원이나 목재와 같은 천연자원의 개발처럼 일방적으로 개발주체가 개발객체에 물리적, 화학적 힘을 가하여, 가치를 부여하거나 증강하는 것과 같은 작용, 반작용의 관계로 이루어지지 않는다. 보유능력의 주인이며, 능력구사의 주체인 개인은 능력개발에도 능동적, 자발적, 주체적으로 변화과정에 참여하여 자신의 능력을 진단하고, 목적을 정하고, 학습하고, 평가할 수 있어야 한다. 무엇을 어떻게 얼마나 배워야 할지를 결정하는 과정에 학습자 스스로가 능동적으로 참여할 때 학습한 내용의 실무적용도 활발하게 이루어진다(이병철, 2010).

인적자원개발을 기업이 성과를 향상하기 위하여 종업원의 일하는 능력을 훈련, 교육, 개발하는 활동이라고 협소하게 이해하는 입장에 따르면, 개인은 피동적 존재로 전락되기 쉽다. 조직도 인간이 만드는 것으로서 인간의 전문성을 기반으로 수립되고 성장한다. 개인과 조직이 상호 존중하는 가운데 장, 단기적 이익의 분배에 함께 참여할 때(Swanson, 2010: 28) 인적자원개발을 통한 기초역량과 전문성 향상이 최대치에 이를 수 있다. 인적자원개발은 경제적 성과를 창출하는 도구적 측면을 지니지만, 이와 더불어 경제활동을 통해 자유를 행사하고 가치를 실현하려는 인간의 존재적, 본질적 욕구 충족 측면이 있음을 인정해야 한다(Sen, 2013; Kuchinke, 2010).

1.2 인적자원개발의 주체는 개인, 조직, 국가

인적자원개발은 개인수준, 조직수준, 지역사회 및 국가수준에서 이루어진다. 인적자원개발을 조직이 주도하여 조직 내에서 조직구성원

그림 1-1 인적자원개발의 수준별 목적

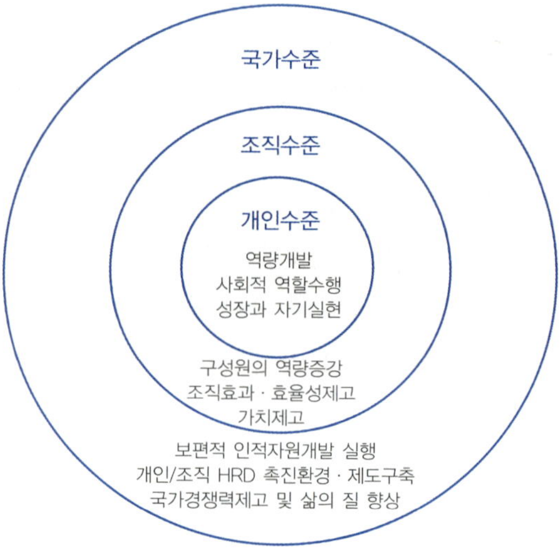

및 예하 협력 조직에 대해 실천하는 교육활동이라고 협의적으로 보는 관점이 있다(Gilley, Eggland & Gilley, 2010; 장원섭, 2015). 그러나 본서는 조직에 의한 교육활동뿐 아니라 개인의 자기주도적 능력개발활동, 지역사회와 국가의 인적자원개발 제도와 네트워크 구축 및 인적자원개발 촉진 활동 등까지를 인적자원개발이라고 보는 광의적 관점(Lynham & Cunningham, 2006[2]; 배을규, 2009[3]; 권대봉, 2013[4])을 취하고자 한다

2) 린햄과 커닝햄(Lynham & Cunningham, 2006: 120)은 인적자원개발은 인적자원개발의 수행체제를 개인, 가족, 조직, 국제기구, 지역사회, 지방자치단체(주정부), 국가, 세계 단위의 지역(유럽연합, 아세안공동체, 아프리카연합 등), 전 지구적 연합체(유엔)로 구분하고 최소 체제인 개인에서 최대체제인 전 지구적 연합체로 갈수록 복잡성, 다양성, 상호의존성, 다학문적 관련성, 이론적 기초, 역량 등이 더욱 증가한다고 하였다.

3) 배을규(2009: 16)는 인적자원개발을 “개인, 집단, 팀, 조직, 지역사회, 국가, 나아가 인류전체를 위한 개인개발, 경력개발, 조직개발과 같은 다양한 학습과 수행개선 활동을 통해 일과 전문성을 신장하고 발전시키는 활동”이라고 정의하였다.

4) 권대봉(2013)은 인적자원개발 패러다임을 일터수준, 사회적 수준, 국가적 수준, 그리

([그림 1-1] 참조).

개인수준의 인적자원개발이란 내적으로는 개인의 성장 동기에 부응하고 외적으로는 지식과 기술의 지속적 변화에 대처하기 위하여 개인이 스스로 학습목표를 설정하고 주도적으로 학습경험을 선택하고 창출하며, 자신과 세계에 대해 더 많이 알고 정체성을 확립하여 개인적 삶과 사회적 관계를 풍요롭게 하는 평생능력개발을 말한다. 조직수준의 인적자원개발은 영리 혹은 비영리 조직이 생산성 제고 및 성과 제고를 위하여 실시하는 일터에서의 현장훈련(OJT), 교육 연수원 등에서의 직무교육(off the job training), 의사소통 및 리더십 개발 등 조직구성원의 역량개발, 경력개발과 조직의 효과성과 효율성 제고를 위한 조직개발 등 다양한 방식으로 이루어진다. 권대봉(2013)은 이를 일터수준의 인적자원개발이라고 하였다. 지역사회 및 국가 수준의 인적자원개발은 개인과 조직이 주도하는 인적자원개발 활동을 촉진하기 위하여 실시되는 것으로서, 국가수준의 자격 기준과 제도 확립, 직업전문학교, 특정 능력개발 관련 학원 등 인적자원개발 기관의 설치, 운영, 품질 평가 및 관리, 인적자원개발 관련 정보 네트워크[5]의 구축 운영 등이 있다.

인적자원개발 활동의 범위에 국가수준에서 이루어지는 인적자원개발 활동을 포함시킬 것인가의 문제에 대한 학자들의 견해는 몇 가지로 구분할 수 있다. 인적자원개발의 개념에, 연구자들 중 일부는 국가수준의 인적자원개발을 포함시키고(Lynham & Cunningham, 2006; 배을규, 2009; 권대봉, 2013; 이무근, 2000; 장창원 외, 2006; Nadler, 1979; Wilson, 2005; McLean & McLean, 2001[6]), 일부는 이를 배제하며(황안숙, 1999) 이

고 국제적 수준으로 구분하였다(pp. 16-22 참조). 일터수준의 인적자원개발은 기업의 경쟁력강화와 관련이 있고 사회적 수준이란 시민대학 등과 같이 정부, 사회단체, 지역사회 협의체 등이 지역 시민을 대상으로 실시하는 교육을 의미하며, 국가수준의 인적자원개발은 교육, 직업훈련, 연구개발, 고용, 복지, 산업을 포괄하는 인적자원개발 관련 사업을 포괄적으로 의미한다.

5) http://www.work.go.kr; http://www.hrd.go.kr 등.

를 HRD의 특이한 형태로 보거나(장원섭, 2015) 일부는 이를 논의의 대상으로 삼지 않는다(김진모, 2000; Swanson & Holton Ⅲ, 2001). 미국의 HRD 학계에서는 HRD를 기업 혹은 이와 유사한 조직이 구성원을 대상으로 시행하는 교육훈련으로 보는 관점이 지배적이다(McLagan, 1989; Nadler & Nadler, 1990).

국가수준의 인적자원개발(HRD)의 개념을 처음 학문적으로 정의하여 사용한 사례로 저개발 지역의 경제성장에 관심을 가졌던 하비슨과 마이어(Harbison & Myers, 1964)의 "Education, Manpower, and Economic Growth"가 지목된다(Paprock, 2006). 하비슨과 마이어는 인적자원개발을 경제성장의 지표로 보고 중등교육과 고등교육 취학율 등의 자료 구득이 가능한 75개국의 국가별 인적자원개발의 양적, 질적 수준을 평가하여 저개발국(니제르, 에티오피아 등 17개국), 부분적 개발국(구아테말라, 인도네시아 등 21개국), 중진국(멕시코, 타일랜드 등 21개국), 선진국(덴마크, 스웨덴 등 16개국)으로 구분하였다(Harbison & Myers, 1964: 34). 하비슨(Harbison, 1973)은 인적자원을 "상품의 생산 혹은 유익한 서비스의 제공에 적용하는 혹은 할 수 있는 사람의 에너지, 숙련, 재능과 지식"이라고 하였다(p. 3). 그는 자본이나 천연자원은 수동적 요소지만 인간은 능동적으로 자본을 활용하고, 축적하고, 천연자원을 가공하여 사회, 경제, 정치 조직을 구축하고, 국가발전을 도모하는 존재라고 하였다. 인적자원개발을 경제개발의 전략 중 하나로 보았던 것이다. 우리나라에서는 1960년대 초부터 기업보다 먼저 국가가 경제개발

6) McLean & McLean(2001)은 "HRD를 국제적 맥락에서 한 국가에서만 통용되도록 정의할 수 없다면 어떻게 정의할 수 있을까?"라는 제목의 논문을 통해 국가마다 HRD를 정의하는 맥락과 관점이 다름을 논하였다. 독일은 기업의 적극적 참여하에 인적자원개발을 실행하면서도 HRD라는 용어를 전혀 사용하지 않으며, 중국은 개인과 조직이 인적자원개발의 수혜자라고 보지만, 타이완, 싱가포르, 타일랜드는 개인과 조직 외에 국가수준의 인적자원개발이 중요한 의미를 갖는다고 보고, 프랑스는 인적자원개발을 사회개발의 관점에서 주로 사용한다고 하였다(pp. 315–319).

전략의 일환으로 인적자원개발을 추진하였고, 경제성장이 어느 정도 달성된 이후 기업 수준의 인적자원개발이 체계적으로 추진되었다.

본서에서 인적자원개발의 범주에 국가수준의 인적자원개발을 포함시키고자 하는 이유는 한국에서는 인적자원개발기본법,[7] 국가인적자원위원회, 인적자원개발 지표 등 국가주도의 지원제도를 구축하고, 인적자원개발이라는 말을 국가수준에서 널리 사용하고 있기 때문이다. 유엔 등 국제기구에서도 국가수준의 인적자원개발을 포함한 개념이 통용되고 있는 것을 고려할 때 국가수준의 인적자원개발을 포함시키는 것이 사실에 더 부응한다. 월튼(Walton, 1999) 등은 EU 등 초국가적 기구에 의한 인적자원개발에 대한 개입을 예시하면서 인적자원개발 활동이 국가수준을 넘어 국제적 수준까지 확대되고 있음을 지적하였다. 미국에서는 정부가 주도하는 '인력개발'(Manpower 혹은 Workforce Development)과 기업이 주도하는 '인적자원개발'(Human Resource Development)을 구분한 것으로 보이지만 우리나라의 경우에는 산업화 초기부터 정부가 직업훈련기본법 등 법을 통하여 기업의 인적자원개발을 촉진하였기 때문에 이를 엄격히 구별할 수 없다(엄준하, 2012).

1.3 형식적 일반교육은 인적자원개발에 포함되지 않는다.

유엔 총회 결의문 등에서 인적자원개발은 아주 넓게 해석되어 일반교육까지 포괄하는 의미로 사용되기도 한다.[8] 우리나라에서는 김대

---

7) 인적자원개발기본법(법률 제6713호, 2002. 8. 26. 제정)은 인적자원개발정책의 수립·총괄·조정을 통한 국민의 삶의 질 향상과 국가경쟁력강화에 이바지하기 위해 제정되어 2003. 2. 27부터 시행되었음.

8) 유엔은 종전에는 인적자원개발을 개인의 역량을 증진하는 제반활동이라고 보았으나 최근 국가수준의 인적자원개발의 중요성을 인식하여 "인적자원개발이란 지속가능하고, 통합적이며 평등한 발전과 동시에 개인의 복지향상을 성취하기 위해 국가적 차원에서 인적 역량을 확충하는 제반활동"이라고 정의하였다. http://www.un.org/en/

중 정부 때 교육인적자원부를 설치하였는데, 이 때 인적자원개발의 의미는 학교교육까지 포함하는 매우 폭넓은 것이었다. 그러나 본서에서는 인적자원개발의 의미를 제품과 가치를 산출하는 일과 관련된 역량의 학습, 교육, 훈련, 개발 등으로 제한하였다. 인적자원개발은 경제적 범주이기 때문이다. 예를 들어 국민공통교육과정으로 제공되는 기초교육과 일반계 고등학교의 교육과 같은 일반교육은 일하는 능력의 육성이라는 인적자원개발의 범위를 벗어난다고 보았다.

자원(資源)이란 석유, 석탄, 식량과 같은 천연자원, 원료, 가공장비, 공장과 같은 물적 자원, 언어, 종교, 정치·사회 조직, 제도와 같은 문화자원, 인구, 노동력, 기술, 창의성과 같은 인적자원 등의 하위개념을 포괄하는 경제적 개념이다. 어린이가 성장과 발전을 위해 보호와 지지를 받아야 하는 것은 경제적 자원으로서 가치 때문만은 아니다. 모든 인간이 공포나 전쟁의 위협으로부터 자유로워야 하고 행복을 추구할 권리를 누려야 하듯이 보편적 일반교육은 인간이 누려야 할 기본권 차원에서 이해되어야 한다.

1.4 역량과 전문성 개념

인적자원개발 활동을 통해 사람에게 성장, 축적되는 것은 일과 관련된 역량과 전문성이다. 역량(competence 혹은 competency)[9]이란 학습을 통해 축적, 변화하는 인간의 능력을 나타내는 전문 용어인데, 특정 분야에 필요한 기술, 지식, 동기, 태도, 의지와 같은 개인의 속성으로서

---

development/desa/oesc/humanresources.shtml#03.

9) 역량이라고 번역되는 영어 단어에는 최고수행수준자의 능력을 나타내는 Competency와 보편적 숙련자의 수행수준을 나타내는 Competence가 있다. 전자의 용례는 미국에서 나온 문헌에서 주로 발견되고 후자는 영국에서 출판된 문헌에서 주로 발견된다(윤정일 외, 2010 참조).

가시적으로 쉽게 관찰, 측정되는 속성뿐 아니라 동기, 태도, 의지 등 비가시적인 측면들도 포함하는 개념이다. 본서에서 인적자원개발의 성과를 역량과 전문성(expertise)이라고 보는 것은 특정 직무를 수행하는데 요구되는 지식, 기술, 태도, 동기, 가치 등은 별개로 떨어져 존재하는 것이 아니라 함께 총체적으로 상호 결합된 방식으로 발휘되는 능력이라는 인식을 나타내려는 것이다. 역량 개념을 처음 도입한 화이트(White, 1959, 윤정일 외, 2010: 17 재인용)는 역량을 본능이나 자연적 성숙에 기인하는 능력과 구별하여 환경과 지속적 상호작용을 통해 학습된 능력으로 보았다. 역량을 학습결과의 평가 측면으로 확장하였던 맥클랜드(McClelland, 1973; 1993)는 역량을 상황에 자발적으로 대처하는 능력, 학습자가 학습을 통해 성장, 변화하는 것까지 반영하여 실제로 부딪히는 과업 수행의 성공과 실패를 예측할 수 있는 능력이라고 이해하였다. 미국계 행동적 역량개념 접근을 대표하는 스펜서와 스펜서(Spencer & Spencer, 1993)는 역량(competency)을 특정한 상황이나 직무에서 구체적인 준거나 기준에 비추어 평가했을 때, 효과적이고 우수한 성과의 원인이 되는 개인의 내적 특성이라고 정의하였다. 역량을 직무를 중심으로 정의하는 영국계 학자들은 역량(competence)을 직업이나 직무에서 기대되는 수준의 수행을 가능하게 하는 능력이라고 보았다(오헌석, 2007). 윤정일 외(2010)는 인간의 능력은 총체성, 수행성, 맥락성, 학습가능성을 가지고 있는데 역량은 이러한 네 가지 측면을 포괄적으로 표현하는 개념이라고 하였다.

전문가(expert)란 특정분야에서 심오한 지식을 가지고 매우 숙달된 능력을 발휘하는 사람(Webster's New World Dictionary, 1968) 혹은 특정 분야의 지식, 기술, 기능 및 판단력에 있어서 동료 및 일반인으로부터 탁월한 능력이 있다고 인정받는 사람(Wikipedia, 2005)이라고 할 수 있다. 전문성(expertise)이란 전문가를 초보자나 충분히 숙달되지 않은 사람과 구별하게 해주는 특성, 기술, 지식을 말한다(Ericsson, 2006: 3; 임세영·김주영, 2008). Ericsson은 전문성의 개념에 대한 학문적 정의를 정신적 능력의 개인적 탁월성이라고 보는 관점, 집적된 경험에 의해 일상 기능이 탁월한 수준에 도달한 것이라고 보는 관점, 지식의 표상과 조직에 있어서 질적으로 구분되는 능력이라고 보는 관점, 특정분야의 대표적인 과업수행에서 신뢰할만한 탁월한 능력이라고 보는 관점 등으로 구분하였다(Ericsson, 2006: 10-14). 스완슨(2010) 및 스완슨과 홀튼(Swanson & Holton Ⅲ, 2001)은 전문성(expertise)을 인적자원개발의 결과로 강조하였다. 그들은 전문성은 지식, 경험, 문제해결 능력으로 구성되어 있다고 보았고, "특정한 인간 활동의 영역에서 개인이 수행할 수 있거나 수행할 것으로 기대되는 최적의 수준"이라고 정의하였다(Swanson, 2010: 312). 요컨대 전문성은 한 개인의 기술과 지식의 발달이 완숙하게 이루어져 도달한 단계이다. 이에 도달하기 위해서는 장기간의 집중적인 노력과 학습이 요구된다. 창조적인 전문 직업에 종사하는 개인에 대한 연구들은 지적인 요인들보다 비인지적인(non-cognitive) 개인적 특질이 최고수준의 전문성에 도달하는 데 더욱 기여하는 바가 크다고 한다(Wagner, 1995; 유현실, 1998; 임세영·김주영, 2008). 이상에서 살펴본 바와 같이 전문성은 조직이나 외부 환경의 조건과 보상에 의해 수동적으로 개발되기보다는 개인의 적극적이고 지속적인 평생학습의 결과로 도달할 수 있는 능력이다. 전문성은 지식기반사회에서 자체적 경력개발을 추구하는 전문직 종사자들의 개인개발의 결과로서 중요한 의미를 지닌다.

2. 인적자원개발 개념의 기원

앞에서 논한 바와 같이 인적자원개발 개념의 최초 사용자로 알려진 사람은 하비슨과 마이어스(1964)이다. 그들은 경제성장 이론의 관점에서 "인적자원개발은 사회 모든 구성원의 지식, 기술, 역량을 향상시키는 과정"이라고 정의하였다(Harbison & Myers, 1964: 2). 종전 경제학에서 "인적자본의 축적", "경제성장을 위한 인적자본 투자"라고 불리던 것을 지식, 기술, 역량의 향상이라는 교육 활동의 의미가 내포된 '인적자원개발'이라는 새로운 개념으로 명명한 것이다. 그들은 인적자원개발의 유형에 형식교육, 기업의 현장훈련(OJT)과 여러 사회단체들이 제공하는 성인교육, 그리고 자기 스스로 자신의 능력을 개발하는 자기개발(self-development)의 세 가지가 있다고 보았다.

인적자원개발을 조직구성원의 행동 변화와 성인학습이라는 관점에서 정의를 내린 사람은 나들러(Nadler, 1970)이다. 인적자원개발이라는 용어는 일반적으로 영어의 HRD(Human Resource Development)의 우리말 표현으로 사용된다. 나들러(Nadler, 1979)는 "HRD란 행동변화를 산출하기 위해 계획되어 일정 시간 내에 실행되는 일련의 조직화된 활동"이라고 정의하였다(p. 3). HRD의 가장 보편적 활동을 훈련과 교육이라고 본 나들러는 '조직화된 활동'을 "목표가 정해져 평가가 가능한 활동"이라고 보았다. '일정 시간 내에 행해지는' 이란 말은 보편적으로 평생 동안 이루어지는 평생학습 활동과 구분되어, "하던 일을 멈추고 전적으로 훈련과 학습에 몰두할 수 있는 시간"이 제공되어야 함을 뜻한다. 그리고 '행동 변화를 산출하기 위해 계획된' 활동이란 HRD가 목적지향적 활동임을 강조하는 동시에 인간 행동의 변화를 유발하는 지식과 기술의 발전에 대한 낙관적 전망을 담고 있다.

나들러(1980)에 의하면 인적자원개발(HRD)이라는 용어는 1960년대 미국 연방 노동성(The Departmant of Labor)에서 장애인 정책의 일환으로 사용하였다. 그러나 60년대 후반 들어 노동성에서 이 용어를 더 이상 사용하지 않았고, 이 용어의 의미를 기억하는 사람도 거의 없게 된 1970년대에 자신이 이 말에 새로운 의미를 불어넣었다고 하였다(p. 4). 그가 이 개념을 도입한 취지 중 하나는 종업원 훈련(employee training)이 개인적 차원에서만 이루어지고 있는 것의 문제를 극복하고, 기업조직이 구성원의 훈련과 교육에 적극적으로 관여해야 한다는 것을 설득하는 것이었다(Nadler, 1979). 인적자원개발 기능이 필요한 이유가 노동력 부족, 빈번한 직장 이동과 전직, 생산수요 증대, 제품의 다양화, 자동화, 품질 향상, 관리감독자의 지도력 향상 등이라고 보았다. 이후에는 더 많은 기업들이 HRD 부서와 중앙연수원을 설치할 것이며 정부기구와 학교, 병원 등 비영리 조직들도 인적자원개발에 큰 관심을 갖게 될 것이라는 그의 전망은(Nadler, 1979: 8) 미국 국경을 넘어 전 세계에서 널리 실현되었다.

우리나라에서 인적자원개발이라는 개념을 정확하게 언제부터 어떤 의미로 사용하였는지는 확인하기 어렵다(엄준하, 2012). 그러나 1960년대 초 경제개발계획의 일환으로 인적자원개발과 유사한 '인력개발'이라는 개념이 도입되었는데, 이것이 하비슨과 마이어스(1964)가 정의한 인적자원개발과 같은 의미로 사용된 사례라고 볼 수 있다. 한국 정부는 1960년대 초 경제개발계획을 수립하고 추진하는 과정에서 산업화와 경제개발을 위해 필요한 노동력을 공급하는 인력개발을 중시하였다. 매 5년마다 수립되었던 경제개발 5개년 계획의 하위계획으로 "인력개발계획"을 수립하고 추진하였다. 이 때 사용된 인력개발의 영문 표기는 "manpower development"로서 당시 인적자본론의 영향으로 영미권에서 널리 사용되었던 개념이었다. 산업화 과정을 주도한 정부는 중화학

공업화를 위한 과학기술인력개발에 역점을 두어 60년대 말 과학기술처(1968)는 장기인력수급추계 및 정책방향(1967-1986) 등을 발표하고 체계적으로 추진하였다. 1990년대 말까지는 인력개발이라는 말이 더 많이 사용되다가 2000년 초 교육부장관이 부총리로 승격되고 교육, 훈련, 문화, 관광, 과학, 정보 등 인력개발정책을 종합적으로 관장케 하기 위해 장관급 협의체인 "인적자원개발회의"가 구성되고 국가인적자원개발 중장기 전략 등이 심의되었던 시기 이후 인력개발보다는 인적자원개발이라는 용어가 더 빈번하게 사용되었다. 2001년 1월 29일에는 교육부(Ministry of Education)가 교육인적자원부(Ministry of Education & Human Resources Development)로 개편되어 인적자원개발정책에 관해 각부를 총괄 조정하게 되었다. 이어서 2002년 8월 26일 국가인적자원개발기본법이 제정되는 등 국가수준의 인적자원개발이 제도로서 자리 잡게 되었다.

기업수준의 인적자원개발은 국가수준의 인력개발계획의 일환으로 도입된 직업훈련제도에 의해 '사업내 직업훈련' 의무제도 도입(1973)으로 체계화되기 시작하였다. 1990년대에는 기업의 연수원들이 인력개발원, 인적자원개발원 등으로 이름을 바꾸었다. 권대봉(2013)은 기업수준에서 인적자원개발이라는 용어가 처음 사용된 사례로서 1990년 기업의 연수원 이름이 인력개발원(human resource development center)으로 개칭되었던 것을 들고 있다. 삼성그룹이 1982년에 문을 연 삼성종합연수원(Samsung Education & Training Center)을 1990년 1월 삼성인력개발원(Samsung Human Resources Development Center)으로 개칭하여 교육과 훈련뿐 아니라 교육컨설팅, 조직개발, 경력개발 프로그램을 제공하기 시작한 것은 기업수준의 교육훈련이 인적자원개발의 패러다임으로 전환된 경우라고 하였다(권대봉, 2013: 10).

3. 인적자원개발의 인접개념

앞에서 논의한 바와 같이 인적자원개발이란 일의 세계로 진출하기 위한 준비를 하는 사람이나 일하는 사람의 능력을 개발하는 것을 뜻한다. 일의 준비나 지금 하고 있는 일을 더 잘하기 위해 능력을 개발하는 활동은 숙련형성(skill formation), 직업교육(vocational education), 기술교육(technical education), 직업훈련, 직업능력개발, 기업교육, 사내직업훈련, 평생학습, 평생교육, 평생직업능력개발 등 다양한 이름으로 칭해진다. 국가수준의 인프라 구축 및 기업교육과 개인수준의 평생직업능력개발 등을 내포하는 의미로 사용되는 인적자원개발은 이들 용어와 공통점과 차이점을 가지고 있다. 인적자원개발에 대한 현황을 파악하고 유사 개념과 구분하기 위해서는 인접 개념에 대한 학문적인 접근이 필요하다. 인적자원개발의 인접, 유사 개념으로서 인적자본과 인적자원, 숙련형성과 직업교육, 산업인력개발, 직업기술교육훈련(TVET), 근로자 직업능력개발훈련 등에 대하여 살펴보기로 한다.

3.1 인적자본(Human Capital)과 인적자원(Human Resource)

아담 스미스는 사람이 시간과 노력을 들여 획득한 숙련과 기술은 고가의 기계에 비유할 수 있다고 하였다(Smith, 1986: 203). 노동력을 상품으로 보는 개념은 시간과 동작연구 등 과학적 관리법(Taylor, 1911)과 포드사(社)의 조립라인을 통한 일관생산체제에 의해 심화되었다. 아담 스미스(1776, 1986) 등 고전경제학자들은 노동력을 하나의 범주로 생각하여 숙련도에 따라 그를 구분하지 않았다. 그러나 20세기 중후반에 노동력의 숙련도를 인정하고, 숙련이 생산성에 미치는 영향을 중시하여 인간이 지닌 숙련된 능력에 경제학적 의미를 부여하는 인적자본 개념이 등장하였다. 인적자본론은 교육을 인적자본에 대한 투자라고 보았으며, 교육과 생산성, 임금, 경제성장의 관계를 규명하고, 1950년대 말부터 미국의 경제학 분야에 등장하여 인적자본이론으로 발전하였다(Becker, 1993). 이 이론에 따르면, 인간의 능력은 투자에 의하여 그 경제가치 내지 생산력의 크기를 증가시킬 수 있는 자본이다. 교육, 훈련을 통하여 인간의 능력이 향상되는 것을 투자를 통하여 인적자본이 축적되는 것, 즉 인간의 자본적 가치가 높아지는 것이라고 보았으며(배무기, 1998), 1920년대 이후 미국의 경제성장 관련 자료 분석을 통하여 인적자본에 대한 투자가 실질 경제성장에 크게 기여하였음을 입증하였다(Schultz, 1961). 인적자본이론에서는 인적자본에 대한 투자의 대상은 크게 정규교육, 현장훈련, 이주, 건강, 정보 등으로 본다.

인적자본 개념이 경제학 분야에서 이론화되었듯이 인적자원은 경영학 분야에서 체계화된 개념이다. 인적자원은 국가적 차원의 경제성장을 위해 투입할 수 있는 노동력으로서 혹은 조직이 피고용자의 수행성과를 최대로 끌어내기 위한 관리 대상으로서의 인간을 뜻한다. 조직의 인적자원 부서는 채용, 훈련, 개발, 성과평가, 보상 등을 담당한다. 관리 대상으로 인적자원을 바라보게 된 것은 20세기 초에 등장한 인간관계 운동의 산물이다. 지식기반 경제로 이행하면서 인적자원은 이제 교육, 훈련을 통한 생산성과 가치의 증대를 추구할 수 있는 투자의 대상이 되었다. 교육과 훈련을 통하여 사람이 지닌 능력을 향상, 발달하게 하는 활동을 관점에 따라 '인적자본의 형성'이라 말할 수도 있고, '인적자원의 개발'이라고 말할 수도 있다. 최근에 미국의 남미주리 대학에는 인적자본개발학과(Department of Human Capital Development)라는 이름도 등장하였다.

3.2 숙련형성(skill formation)과 직업교육(vocational education)

앞에서 언급한 인적자본의 형성이나 인적자원의 개발 과정을 영미계에서는 주로 숙련형성이라고 하고 독일계에서는 직업교육이라고 한다. 앵글로색슨계에서는 숙련기술(skill)을 개인적 속성이나 개인적 자산으로 보는 경향이 있다. 이들은 숙련기술을 과업(tasks)이나 직무(jobs)와 연결시킨다. 숙련기술은 신체적, 수기적 기능의 세련되고 성숙된 상태를 말한다. 지식과는 특별한 관계가 없다(Agarwal, 2010). 숙련기술은 독일의 '직업'(독일어 Beruf, 영어 vocation, occupation) 개념과 대조된다. 독일어에서 '직업'은 "체계적으로 연계된 지식과 일련의 실무적 기능 및 사회적 정체성"을 의미한다(Streeck, 1996: 145). 직업은 특정의 지위와 임금 수준 및 사회적 인정과도 연계되어 있으며(Brown et al., 2001: 79), 개인적 특성이라기보다는 해당 산업계가 인정한 자격이라고 보는 것이다. 넓게 보면 영국식 숙련기술의 개념은 특정 과업 중심으로 직업 간 경계에 구애받지 않고 투입할 수 있으나 직업적 전문성과 안정성이 낮다는 문제가 있고, 독일식 직업교육의 개념은 직업별 경계가 뚜렷하여 직업별로 특화된 자격을 부여하기 때문에 직업별 전문성은 높으나 유연성이 낮은 약점이 있다(Agarwal, 2010). 20세기 후반 영국의 인력개발제도는 폭넓은 기초지식과 직업적 전문성을 높이기 위한 GNVQ 제도 도입에 역점을 두었고, 독일의 직업교육제도는 직종 통합 및 공통교육 확장을 통한 다양한 경험을 바탕으로 노동시장의 변화에 유연하게 대응할 수 있는 기초 능력 육성에 중점을 두었다. 영국은 낮은 숙련기술 수준에서 평형(low-skill equilibrium)을 이루었고, 독일은 높은 수준의 숙련기술 평형(high-skill equilibrium)을 이룩한 것으로 평가된다(Finegold, 1991).

3.3 산업인력개발

산업인력이란 "가치 있는 재화 또는 서비스를 생산·판매·제공하는 경제활동에 필요한 지식·기술·능력의 축적으로서의 사람"이라고 정의할 때(이용환 외, 2009), 산업인력개발이란 산업인력의 지식, 기술, 태도 등을 발달하게 하는 것이라고 광의적으로 이해할 수 있다. 한국산업인력공단, 과학기술인력수급정책, 뿌리산업인력양성, 관광산업인력양성 등의 용례에서 볼 수 있듯이 산업인력개발은 국가수준의 인력정책에서 사용되고 있다. 영어로는 Manpower Development and Training 혹은 Workforce Education이라고 표기한다.

3.4 직업기술교육훈련(Technical and Vocational Education and Training, TVET)

직업기술교육훈련이란 국제적인 협력과 교류에 사용되는 용어이다. 언어, 문화, 국가와 제도에 따라 일과 관련된 교육 훈련 제도가 달라 이를 학문적으로 엄정하게 정의하여 차이를 규명하고 소통하는 것이 어렵고 또 불편하기 때문에 유네스코, 세계은행, 아시아개발은행, 국제노동기구 등 국제기구에서 포괄적 의미로 사용하는 용어이다.[10] 직업기술교육훈련은 일의 세계에서 경제활동을 수행하는데 필요한 지식과 기술을 획득하기 위해 실시되는 도제훈련, 직업교육, 기술교육, 직업-기술교육, 직무교육, 직업교육훈련, 전문성 교육, 진로 및 기술교육, 산업인력교육, 일터교육 등 형식(formal), 비형식(nonformal), 무형식(informal) 교육을 모두 포괄하는 개념이다. 교육과 훈련의 구별에 대해

10) http://www.unevoc.unesco.org/go.php?q=more+about+What+is+TVET&context 참조.

서는 본서 제8장 제2절에서 설명한다.

3.5 직업능력개발훈련(Vocational Education and Training)

국민평생직업능력개발법(약칭, 평생직업능력법; 법률 제18425호, 2021. 8. 17. 일부개정)에 따라 모든 국민에게 평생에 걸쳐 직업에 필요한 지능정보화 능력과 포괄적 직업·직무기초 능력을 포함하는 직무수행능력을 습득·향상시키기 위하여 실시하는 훈련을 말한다. 이 법은 근로자의 직업능력개발에 초점을 두고 1997년에 제정되었던 "근로자직업능력개발법"을 2021년 8월에 개정, 공포한 것으로서 "모든 국민의 평생에 걸친 직업능력개발을 촉진·지원하고 산업현장에서 필요한 인력을 양성하며 산학협력 등에 관한 사업을 수행함으로써 국민의 고용창출, 고용촉진, 고용안정 및 사회·경제적 지위 향상과 기업의 생산성 향상을 도모하고 능력중심사회의 구현 및 사회·경제의 발전에 이바지함"을 목적으로 한다. 이 법에 의해 국가와 지방자치단체, 사업주 및 근로자는 아래와 같은 책무가 있다(국민평생직업능력개발법 제4조).

① 국가와 지방자치단체는 국민의 생애에 걸친 직업능력개발을 위하여 사업주·사업주단체 및 근로자단체 등이 하는 직업능력개발사업과 국민이 자율적으로 수강하는 직업능력개발훈련 등을 촉진·지원하기 위하여 필요한 시책을 마련함. 국가는 지방자치단체가 마련한 시책 시행에 필요한 것 지원 가능

② 사업주는 근로자를 대상으로 직업능력개발훈련을 실시하고, 직업능력개발훈련에 많은 근로자가 참여하도록 하며, 근로자에게 직업능력개발을 위한 휴가를 주거나 인력개발담당자(직업능력개발훈련시설 및 기업 등에서 직업능력개발사업의 기획·운영·평가 등을 하는 사람)를 선임하는 등 직업능력개발훈련 여건을 조성

③ 국민은 자신의 적성과 능력에 따른 평생 직업능력개발을 위하여 노력하여야 하고, 국가·지방자치단체 또는 사업주 등이 하는 직업능력개발사업에 협조

직업능력개발훈련에 대해서는 본서 제8장에서 상세하게 다룬다.

4. 종합 정리

사람은 일과 밀접한 관련을 맺으며 살아간다. 일하는 데 필요한 지식과 기술을 체계적으로 배우고 익히는 활동은 개인적, 조직적 차원뿐 아니라 국가적 차원에서도 매우 중요하다. 제1장에서는 인적자원개발의 개념을 "사람의 일하는 역량과 전문성을 발굴, 육성, 강화하는 것과 관련된 여러 가지 의도적인 활동"이라고 정의하고 인적자원개발 활동에 참여하는 주체를 개인, 조직, 국가로 구분하였다. 개인수준에서 인적자원개발이란 자신이 일하는 데 필요한 능력을 습득, 육성하기 위해 학습하는 것이다. 조직수준에서 인적자원개발은 구성원의 역량과 전문성을 교육, 훈련, 개발하는 것이며, 국가 수준에서 인적자원개발은 개인과 조직 등이 수행하는 이러한 활동을 지원하는 제도를 확립하고 촉진하는 것이다. 이 정의는 인적자원의 주인은 개인이며, 인적자원개발의 주체는 개인, 조직, 국가 등 주체적으로 목표를 수립하고 달성하기 위해 수단을 투입할 수 있는 개인이나 집단이라고 전제한다. 그리고 인적자원개발의 범위를 '일을 위한 교육과 훈련'으로 제한하며, 인적자원개발의 결과는 증강된 역량이나 전문성이라고 본다.

인적자원개발 개념은 하비슨과 마이어스(1964)에 의해 처음 사용되었다. 그들은 종전의 경제학에서 인적자본의 축적이나 인적자본투자라고 불리던 개념에 지식, 기술, 역량의 향상이라는 교육적 의미를 추

가하여 인적자원개발이라는 개념으로 명명하였다. 그 후 나들러(1970)는 조직구성원의 행동 변화와 성인학습의 관점에서 인적자원개발을 "행동 변화를 산출하기 위해 계획되어 일정 시간 내에 실행되는 일련의 조직화된 활동"이라고 정의하였다.

우리나라에서는 1960년대 초 경제개발계획의 일환으로 인적자원개발과 유사한 '인력개발'이라는 개념이 도입되었는데, 이것이 하비슨과 마이어스(1964)가 정의한 인적자원개발과 같은 의미로 사용된 사례라고 볼 수 있다. 2001년 교육부가 교육인적자원개발부로 개칭되기도 하면서 국가수준의 인적자원개발이 성장하였다. 기업수준의 인적자원개발은 국가수준의 인력개발계획의 일환으로 도입된 직업훈련제도에 의해 체계화되기 시작하였다. 1990년대에는 기업의 연수원들이 인력개발원, 인적자원개발원 등으로 이름을 바꾸었는데 이것이 인적자원개발 개념이 기업교육에 적용된 사례이다.

끝으로 본 장에서는 인적자원개발의 인접개념으로 인적자본과 인적자원, 숙련형성과 직업교육, 산업인력개발, 직업기술교육훈련, 직업능력개발훈련 등을 살펴보았다.

제2장

일하는 삶의 여정과 평생학습

학습목표

❶ 인긴의 일생을 일하는 삶을 중심으로 바라보고 자신의 위상과 책무를 추정할 수 있다.

❷ 평생학습의 개념, 등장 배경을 지식경제론적 관점과 개인의 주체성 중심 관점으로 구분하여 설명할 수 있다.

❸ 개인의 주체성 중심 평생학습관을 다시 실존주의적 평생학습관과 생태적 평생학습관으로 구분하여 특성과 차이를 설명할 수 있다.

제2장

일하는 삶의 여정과 평생학습

일이란 흔히 덜 하는 것이 좋고, 피해야 하는 것으로 여겨진다. 일자리가 보장되는 한 휴가를 더 연장하고 휴식시간을 더 늘리는 것은 일하는 사람들의 주요 관심사 중 하나이다. 그러나 실업의 냉정한 현실에 부딪혀 본 사람들은 할 일이 없다는 것이 얼마나 당혹스럽고 무기력하게 하는지 알고 있다(임세영·신효섭·권호안, 2012). 인간의 평생에 걸친 정체성 발달 이론을 정립한 에릭슨은 사람의 일생에서 가장 중요한 것은 사랑하기와 일하기라고 했다(에릭슨, 2006). 플라톤의 국가, 아리스토텔레스의 신국, 캄파넬라의 태양의 나라, 토마스 모어의 유토피아 등에서 보듯이 땀 흘리는 일이 존재하지 않는 유토피아는 없었다. 일이란 인간 존재의 기본 조건이라 할 만큼 중요한 의미를 지니고 있다(아렌트, 1996).

그러나 최근 지속되는 세계적 불황과 기술혁신에 의한 인공지능과 자동화의 진전에 따라 일자리는 지속적으로 줄어들고 있다(리프킨, 1996; 스티글리츠, 2013; 장하성, 2015). 74억 인류 중 행복하게 종사할 수 있는 품위 있는 일자리를 찾는 사람은 약 30억이라고 한다. 2015년 현재 인류가 접근 가능한 품위 있는 일자리는 12억개에 불과하다(Clifton, 2015). 세계경제포럼(2016)은 2016년부터 2020년까지 인공지능 등의 확산으로 인하여 세계적으로 710만여개의 일자리가 없어지고 200만여개의 일자리가 창출되리라고 하였다. 우리나라도 예외가 아니다. 한국직업능력개발원(2016)의 조사에 의하면 향후 5년 이내에 ICT 중심의 기술 융합으로 신산업 등장이 활발해지고, 기술의 발전 및 수용으로 좋은 일자리가 감소할 것이라고 전망하였다.[1] 사람이 할 일이 기계로 대체되고 일자리가 줄어든다는 것은 역사상 유례가 없는 새로운 현실이다. 새로운 현실에 대처하는 방안에 대한 여러 논의에서 빠지지 않고 주목을 받는 것은 평생학습이다.

논어에 나오는 글과 같이 유교를 기반으로 한 전통사회에서 인간의 배움은 평생 지속되는 것이었다. 배우고 익히는 것은 군자의 즐거움이다. 한편, 사회가 능률과 효과를 최고의 가치로 숭상하고 이를 뒷받침하는 기관으로 근대적 학교제도가 도입되면서 학습은 점차 삶의 본질에서 벗어나 지위 획득과 생존을 위한 도구가 되었다. 평생학습이란 이러한 현실에 대한 문제제기이다.

본장에서는 일하는 삶의 여정에서 요구되는 평생학습의 개념과 범주를 살펴보고자 한다. 먼저 일하는 삶의 여정을 단계별로 구분해 각 단계별 특성과 학습과업을 살펴보기로 한다. 평생학습의 개념에서는 평생학습이란 무엇인가? 어떤 맥락에서 등장한 개념인가? 인적자원개발과는 어떤 관계가 있는가? 등을 살펴볼 것이다. 평생학습의 범주에서는 무엇을 평생에 걸쳐 학습해야 하는가를 논의하고자 한다. 평생학습

1) 향후 5년 이내에 ICT 중심의 기술 융합으로 신산업 등장이 활발해질 것이라고 보는 응답자는 80.8%임. 일반인은 77.7%인 반면, 미래예측포럼 회원은 97.7%로 일반인보다 20.0%p 높게 나타남. 기술 수용으로 고용 유연성이 증가하여 좋은 일자리가 감소할 것이라고 전망하는 응답자는 76.4%임. 일반인은 74.8%, 미래예측포럼 회원 85.7%로 일반인보다 10.9%p 높음(한국직업능력개발원, 2016).

의 대상은 상황과 학습자의 관점에 따라 매우 다양할 것이나 여기에서는 사회적 적응을 위한 지식과 전문성의 학습, 자기 자신의 개성과 인격형성 등 존재의 성장을 위한 학습, 그리고 정보의 홍수 속에서 사회경제적 현실을 비판적으로 바라보고 옥석을 가려내기 위한 학습 등에 대해 논의하고, 끝으로 평생학습을 위해 대학교육 단계에서 준비해야 할 것은 무엇인가 살펴보고자 한다.

1. 일하는 삶의 여정으로서 경력

유년기를 지나 경제활동을 할 수 있는 나이가 되면서부터 일하는 삶을 위한 준비가 시작된다. 일과 관련된 삶은 순조롭게 전개된다고 전제하였을 때 기초 능력의 육성, 진로 및 일자리 선택과 준비, 일자리 획득하기(평균 입직연령 27세), 일자리 지키기 및 성장하기(2014년 100대 기업 평균 근속연수 12년), 다른 사람의 성장 도와주기, 퇴직(2014년 30대 그룹 평균 퇴직연령 51세), 은퇴준비 및 은퇴 등의 경로를 지나게 된다. 이것이 경력이다. 인간의 경력발달 모형은 학자마다 조금씩 다르지만 대체로 성장, 탐색과 교육, 일의 세계 진입, 유지, 쇠퇴, 퇴직의 단계로 진행된다(〈표 2-1〉 참조).

대체로 중등 및 고등교육을 통해 진로를 선택하기, 직무수행과 관련된 전문지식과 기술을 습득하고 일자리를 선택하기, 일자리를 획득하고, 그 일자리를 지키며, 경험을 확장하고 역량개발하기, 승진을 통해 책무를 확대하고 전문성 심화하기, 부하직원이나 미숙련자의 학습과 직업능력개발을 도와주기 등이 일하는 삶의 모습이다. 자의나 타의에 의해 퇴직을 할 수도 있고, 또 계속 일을 하고 싶어도 잠정적으로 실업을 경험할 수 있다. 아이디어가 있고 시장의 기회가 있다고 판단

표 2-1 연령과 경력발달 모형 비교

연령	슈퍼*	쉐인**	그린하우스 등***
0-10세	성장기(0-14)	성장, 환상, 탐색(0-21)	직업선택, 준비(0-25)
11-20세	탐색기(15-24)	직업세계진입 및 기초 훈련(16-25) 또는 경력초기(17-30)	조직입사(18-25)
21-30세	확립기(25-44)		경력초기(25-40) 확립과 성취
31-40세		경력중기(25세 이상)	
41-50세		경력중기의 위기(35-45) 경력말기(40세 이상)	경력중기(40-55) 평가 및 꿈의 수정
51-60세	유지기(45-64)	쇠퇴(50세 이상)	
60-70세		퇴직	경력말기(55세-퇴직)
70세 이상	쇠퇴기(65세 이상)		

* Super(1990), ** Shein(1990), *** Greenhaus, Callanan & Godshalk(2002: 146).

되면 창업하여 새로운 일자리를 창출하는 것도 매우 의미 있는 일이다. 일하는 삶의 모습은 항상 순서대로 전개되는 것은 아니다. 퇴직과 실업 같은 변화는 뜻하지 않은 시기에 갑자기 발생할 수도 있다. 그리고 적절한 시기가 되면 은퇴를 준비하고 생의 다음 단계로 이행한다. 일하는 삶의 모습은 시간에 따라 변화하지만 시간의 변수에만 의존하는 것은 아니다. 일하는 삶의 유지와 기회의 획득, 그리고 이행은 항상 능력 및 역량의 학습과 개발을 요구한다.

일하는 지식과 기술의 전승

일은 사냥, 수렵채취, 농경 등 생존에 필요한 식량 획득과 깊이 연관되어 인류 문명과 함께 발전하였다. 인류 문명이 발전하는 데 개인적, 집단적 일의 발견은 불과 도구의 발견 못지않게 중요한 역할을 하였다. 추위, 더위, 우기와 건기, 폭풍우와 가뭄 등 열악한 환경의 도전을 이겨내고 삶에 우호적인 조건을 만들고 계승하는 일과 관련된 지식과 기술은 세대를 이어가는 전승을 통하여 축적되고 발전할 수 있었다. 기성세대는 일하는 방법을 다음 세대에 전승하고, 그것을 이어 받은 새로운 세대는 그것을 더욱 발전시켜 또 다음 세대에 넘겨주는 가운데[2] 인류 문명이 발전하였다. 물론 고려자기와 같이 독특한 기술과 문화가 있었어도 그것을 효과적으로 다음 세대에 가르치고 발전시킬 수 있는 능력을 전승하지 못하여 단절된 경우도 있다.[3] 숙련자와 미숙련자 사이의 관계가 정립되지 못하고 경쟁적이거나, 기술을 가르쳐 주는 것에 대한 적절한 보상과 영업상 핵심 기술의 보호가 이루어지지 않으면, 기술은 전승되지 않게 된다. 자동화된 생산 설비나 플랜트 설계, 프로그램의 개발, 조직평가와 컨설팅 등 지식기반 경제와 관련된 직무는 기계의 조작이나 운전과 달리 외형적으로 직무수행 내용을 관찰하거나 모방하기가 쉽지 않기 때문에 기술과 지식 전승을 위해 별도의 시간과 공간을 마련하고 숙련자와 미숙련자 사이의 상호작용과 협업 과정을 공식화하는 것이 중요하다.

배워야 할 내용

문화적 전승을 통해 형성되고 발전한 일과 관련된 지식과 기술은 나이가 먹고 연륜이 쌓인다고 저절로 배워지는 것이 아니다. 인간의

---

2) 에릭슨(2014: 302-330)은 인간발달과정을 8단계(기본적 신뢰 대 기본적 불신, 자율성 대 수치심과 의심, 주도성 대 죄책감, 근면성 대 열등감, 정체성 대 역할 혼란, 친밀 대 고립, 생산력 대 침체, 자아완성 대 절망)로 구분하였다. 이중 제7단계인 〈생산력 대 침체〉는 차세대를 일으키고 이끌어 나가는, 가르치는 존재가 되는 것을 의미한다(p. 326). 차세대를 생산적으로 가르치지 못할 때 침체와 개인적 황폐화가 일어난다고 하였다(p. 327).

3) 고려자기가 세계적인 가치를 가진 예술품으로 인정되었었지만, 조선시대에 들어와 사기를 만드는 장인의 지위와 신분이 그 가치를 지속적으로 전승, 보전하는 데 부적절하였기 때문에 기술이 단절되고 말았다(강만길, 1984; 이원호, 1991).

삶에서 중요한 의미를 지니고 있는 일을 잘하기 위해서는 능동적으로 참여하고 경험하며 체계적으로 배워야 한다. 실제로 일을 실행하면서 배우는 것이다. 그러면, 일을 좋아하고 잘하기 위해 배워야 할 것은 무엇일까? 미숙련자가 숙련자가 되기 위한 과정과 수련 내용은 매우 다양하다.

일하는 방법만이 아니라 그 일을 직업으로 삼아 일하는 사람의 태도와 가치관, 인간관계도 배워야 하고, 전문성을 기반으로 동업자들과 적절한 관계를 유지하며 서로 협동하는 능력도 필요하다. 평생학습을 통해 배워야 할 내용의 범주에 대해서는 본장 제3절에서 상세히 다룬다. 배우는 방법과 계기도 다양하다. 형식교육과 비형식교육훈련을 통해서도 배우고 무형식적 학습을 통해서도 배운다. OJT 등을 통해 직무현장에서도 배우고, Off-JT 참여와 같이 직무를 멈추고 직무와 관련된 심층적 지식을 습득하기도 한다. OJT에 대해서는 제6장에서 상세히 다룬다. 다음 절에서는 평생학습의 개념에 대해서 살펴보고자 한다.

2. 평생학습의 개념

평생학습이란 말 그대로 평생에 걸친 학습이라고 간단하게 이해할 수 있다. 그러나 이 말이 생성된 배경을 살펴보면, 이 용어에는 여러 가지 의미가 들어 있음을 알 수 있다.

평생학습 개념이 등장한 배경과 정의

평생학습은 1960년대 성인교육 부문에서 사용되기 시작하였다. 성인교육(Adult Education)은 교육을 학교교육에만 국한된 것으로 보아서는 안 되고 성인이 되어서도 계속 배우고 익혀야 한다는 의미를 담고 있다. 그런 의미에서 성인교육은 평생교육(Lifelong Education)으로 이해되었다. 예를 들어 제2차 세계대전 이후 개발도상국의 성인들을 위한 문해교육으로 출발하였던 유네스코 성인교육운동은 자연스럽게 평생교육사업으로 확대 발전되었다.

1970년대 이후 성인교육분야에서는 학습자의 능동적 역할과 참여가 중요하다는 데 인식을 함께 하게 되었다. 특히 성인교육 혹은 평생교육이라는 용어에 포함된 '교육'이라는 말이 학습자의 수동적 수용과 교수자의 능동적 역할을 암묵적으로 강조하고 있다는 점이 지적되었고, 이후 1990년대에는 학습자의 주체적이며 능동적인 행위를 강조하는 의미를 지닌 평생학습이 빈번하게 사용되기 시작했다. 평생학습은 개인이 삶의 모든 영역에서 자발적이며 지속적으로 수행하는 학습을 의미한다. 따라서 평생이라는 시간적 차원뿐 아니라 삶의 모든 영역이라는 공간적 차원까지 내포하고 있다(김신일, 1994; 한숭희, 2006). 다시 말하여 유아기, 아동기, 청소년기, 성인기, 노년기 등 전 생애(life-long)에 걸쳐, 가정, 학교, 사회 등 전체 삶의 공간(life-wide)에서 다양하게 이루어지는 학습을 포괄하여 평생학습이라 정리하게 되었다(OECD, 1996b).

평생학습이 특히 중점을 두는 것은 보편적 학교교육 이후 성인기에 지속적으로 이루어지는 자주적 학습이다. 평생학습은 학습자의 자발적이고 자기주도적인 학습을 중시한다. 평생교육은 평생학습을 가능하게 한다는 차원에서 의미를 갖는다. 평생학습은 몸과 마음을 가진 존재로서의 인간이 다양한 경험을 통해 성장해가는 통합적 과정이다. 이 책에서 필자는 자비스(Jarvis, 2007)의 세심한 정의를 수용하여 평생학습이란 "생물학적 존재로서의 몸과 지식, 기술, 가치와 신념, 감수성 등을 가진 인간이 사회적 상황에서 평생에 걸쳐 인지적, 정서적, 신체적으로 경험한 것을 자신의 생애와 통합시켜 지속적으로 보다 많은 경험을 가진 존재로 성장하고 변화해 가는 통합적 과정(p. 1)"이라고 정의하고자 한다.

평생학습의 영역구분

평생학습은 학습의 의도를 기준으로 직업과 관련된 실용적 역량을 강화하기 위한 학습과 직업적 의도와 무관하게 교양과 취미 생활 등을 목적으로 하는 평생학습으로 구분할 수 있다(Jarvis, 2007).

직업능력개발을 위한 평생학습은 평생직업능력개발 혹은 인적자원개발과 혼용되는 경우도 있다. 평생직업능력개발은 직업훈련이 시대의 흐름에 따라 재해석되는 과정에서 등장한 개념이다. 이것은 최초 취업을 위한 양성훈련, 재직자 능력개발, 실업자를 위한 능력개발 등 다양한 입장에 있는 사람들이 직업과 관련된 능력을 획득하거나 발전, 향상시키기 위하여 이수하는 과정을 의미한다. 평생직업능력개발이 종전의 직업훈련과 다른 점은 능력개발 참여자의 능동성을 강조하는 것과 능력개발이 시간적으로 평생에 걸쳐 이루어진다는 지속성에 있다. 인적자원개발은 앞의 제1장에서 다룬 바와 같이 사람의 일하는 능력을 경제적 자원의 관점에서 바라본다. 통상 평생학습은 교양과 취미를 위

그림 2-1 직업과의 관련성에 따른 평생학습 영역구분

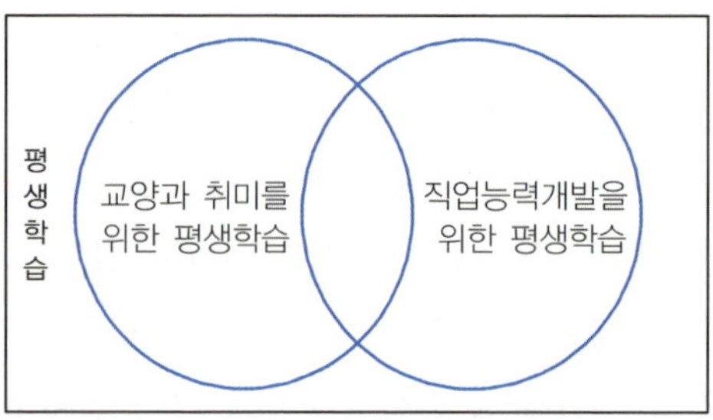

한 평생학습, 평생직업능력개발 및 인적자원개발 등을 모두 포괄하는 학습자적 관점의 개념이라고 볼 수 있다.

3. 평생학습의 범주와 관점

인간은 평생에 걸쳐 무엇을 학습하는가? 평생학습의 개념을 삶의 전 과정과 공간을 통해 평생 지속하는 학습이라고 볼 때, 평생학습의 대상은 무엇이든지 될 수 있다. 평생학습의 대상을 묻는 것은 다양한 학습의 대상을 몇 가지 범주로 구분해 볼 때 어떤 범주들이 있는가 라는 질문과 같다. 유네스코에서 출판된 들로 보고서(Delors, 1996)는 평생학습의 범주를 "알기 위한 학습(Learning to Know)", "생산 활동과 사회적 실천을 위한 학습(Learning to Do)", "함께 살기 위한 학습(Learning to Live Together)" 그리고 "내적 실존을 위한 학습(Learning to Be)" 등 네 가지로 구분하였다.

알기 위한 학습이란 폭넓은 일반교육과 특정 전문분야에 대한 깊은 전문지식을 균형 있게 습득하는 학습이다. 지식과 사회의 변화는 끊임없이 배워야 할 것들을 제공해준다. 따라서 알기 위한 학습에는 평생에 걸쳐 제공되는 교육 기회를 효과적으로 활용할 수 있는 생각의 기술과 학습하는 방법의 학습도 포함된다(Delors, 1996). 생산 활동과 사회적 실천을 위한 학습은 직무기술의 습득뿐 아니라 일터에서 부딪히는 다양한 문제 상황에 적절하게 대처하고 동료들과 팀워크를 잘해 나가는 데 필요한 능력의 습득을 포함한다. 형식적인 직업교육훈련 영역뿐 아니라 국가와 지역사회의 변화와 발전을 위한 교육에 참여하고 자신의 진로를 선택, 설계하고 또 변경하기 위한 학습도 포함된다(Delors, 1996). 함께 살기 위한 학습은 다른 사람을 이해하고 상호 의존성을 인식하며 함께 공동 과제를 수행하고 자기주창성을 도야하고 갈등을 관리하며 타협하고 양보하며 다양한 가치를 가진 사람들이 평화롭게 함께 살아가는 데 필요한 능력의 학습을 말한다. 내적 실존을 위한 학습은 개인의 정체성과 인성을 개발하고 고양하며, 보다 자율적이고 공정하게 판단하며 개인적 책임감을 육성하는 것을 말한다. 개인이 지닌 사고력, 감수성, 신체적 능력, 의사소통 능력 등을 개발하여 자기 실현을 지향한다(Delors, 1996).

유네스코의 들로 보고서(Delors, 1996)는 어느 한편에 치우치지 않고 평생학습의 영역을 균형 있게 제시하였다. 그러나 각 영역들을 왜 학습해야 하는지에 대한 심도 있는 검토는 필요하다. 여기에서는 경제적 측면의 필요성을 강조한 지식경제론, 변화와 유연성을 요구하는 현실에서 개인이 주체성을 유지하며 성장하기 위한 개인중심 평생학습론으로 구분하여 살펴보고자 한다.

3.1 지식경제론과 평생학습

지식경제론은 평생학습을 경제적인 이유에서 필요하다고 주장한다. 피터 드러커는 지식경제라는 개념을 도입하였고 수기노동자와 지식노동자를 구분하였다(Drucker, 1966). 수기노동자는 주로 손을 사용하여 상품이나 서비스를 산출하지만 지식노동자는 손이 아니라 머리를 사용하여 지식, 아이디어와 정보를 산출한다고 하였다(Drucker, 1966: 2-3). 지식경제론에서 지식경제의 핵심은 지식과 교육에 의해 형성되는 인적 자본이 높은 부가가치를 창출하는 혁신적 신제품과 같다는 것이다. 지식 활동을 기반으로 창출되는 상품과 서비스는 과학기술의 발전을 촉진함과 동시에 기성 지식의 가치 마모를 가져온다. 지식경제의 발전은 역설적으로 지식의 마모를 가속화하여 더 빨리 새로운 지식을 필요로 한다. 따라서 지식경제는 물적 자본이나 천연자원의 투입보다 지적 역량의 투입에 더욱 의존하게 된다(Powel & Snellman, 2004).

라이시(1994)는 노동자의 관점에서 세계화와 지식경제의 확산에 따른 정책 대안을 제시하였다. 라이시에 따르면, 미래의 직업은 단순생산직, 대인서비스직, 그리고 창조적 전문직 등 세 가지 직군으로 압축된다(라이시, 1994: 188). 단순생산직은 대량생산 기업에서 일선 노동자가 행하는 반복적인 작업을 주로 하는 사람이다. 대인 서비스직은 단순하고 반복적인 일을 포함하고 있으며 단순생산직과 마찬가지로 작업시간이나 작업량에 따라 보수를 받는다. 창조적 전문직 종사자는 상징조작을 통해 문제를 인식하고, 문제를 정의하고, 분석하고, 해결하며, 전략적 중재와 협력을 한다. 이 범주에 속하는 사람들은 연구원과 학자들, 설계 엔지니어, 소프트웨어 엔지니어, 생물공학자, 홍보직, 경영컨설턴트 등이다. 1950년 이후 창조적 전문직에 종사하는 사람들은 지속적으로 증가하고 있다(라이시, 1994: 194). 추상화 능력, 체계적 사고, 실험과 협력 등의 능력을 갖춘 창조적 전문가의 양성에 더욱 힘쓰는 것이 라이시가 보는 국가의 책무이다.

OECD(1996a)는 지식기반경제(knowledge-based economy)라는 개념을 도입하여 OECD 회원국에서 일어나고 있는 신속한 기술혁신과 새로운 경제성장의 원천을 설명하였다. 여기에서 지식기반 경제란 "지식과 정보의 생산, 배분 및 활용에 직접 의존하고 있는 경제"라고 정의된다(OECD, 1996a: p. 7). 그리고 지식과 정보를 생산, 배분, 활용하는 기능을 주로 수행하는 것을 학문체제(science system)라 하였다. 학문체제는 주로 지식을 산출하는 학자, 연구원, 전문가들에 의해 구축된다. 전통적으로 학문체제는 고등교육기관을 중심으로 가동되었으나 지식기반 경제의 강화로 민간 기업의 역할이 급격히 성장하고 있다. 연구개발을 위한 재원의 60% 이상을 민간 기업이 부담하고, 제품개발의 70%,

응용연구의 22%, 기초연구의 8% 정도를 민간 기업이 수행한다고 적시하고 있다.

지식과 정보의 배분이란 과학 기술자의 교육훈련을 포함한다. 지식기반경제에서 학습은 개인, 기업, 국가 경제의 운명을 좌우할 정도로 중요하기 때문에 지식기반 경제의 주축이 되는 OECD 국가의 과학기술자 양성과 지식분배 네트워크 구축을 위한 투자가 전반적으로 성장하고 있다(OECD, 1996a: 23). 이들에 따르면 학습자들이 배워야 할 지식은 사실에 관한 지식(know what), 문제해결 방법과 과정에 대한 지식(know how), 기본 원리와 이론에 대한 지식(know why), 그리고 새로운 지식을 가지고 있는 사람에 대한 지식(know who)이 있다(OECD, 1996a). 특히 경험을 기반으로 성찰을 통해 새로운 지식을 창출하는 생성적 역량(generative competence)을 육성하는 것은 대학교육의 매우 중요한 책무가 되었다. 지식의 배분은 "지식 분배 네트워크" 등을 통해 지식의 확산을 용이하게 만드는 것을 말한다. 새로운 인터넷 등 정보통신 기술의 발달은 책과 도서관에 의존하였던 지식의 유통에 시간과 장소의 제약을 뛰어 넘는 혁명을 가져왔다.

3.2 개인 중심 평생학습론

개인 중심 평생학습론은 학습자의 주체적 판단과 선택을 기반으로 내적 동기와 능동적 참여하에 이루어지는 학습을 바람직한 평생학습이라고 본다. 여기에서는 실존적 인간관을 바탕으로 인간의 학습을 이해하는 자비스(Jarvis, 2006; 2007; 2008)의 종합적 평생학습 모형(comprehensive model)과 생태학적 관점에서 평생학습을 이해하는 학습생태학적 모형(learning ecology model)을 살펴보고자 한다.

자비스의 인간과 교육에 대한 실존주의적 이해

자비스(2006: 5)는 인간의 실존, 즉 인간이 살아가고 있다는 것이 학습이라고 본다. 그의 교육관은 매쿼리(Maquarrie, 1973)와 쿠퍼(Cooper, 1990)의 실존주의를 기반으로 하고 있다. 불확정적이고 불안한 미래를 마주하고 고독과 두려움 속에서 살아가는 것이 학습이라는 것이다. 실존주의는 사상과 신념이 개인에 의해 창조된다고 본다. 개인은 운명에 의해서가 아니라 자유로운 주체로 살아가도록 세상에 태어난 존재다. 개인의 삶은 다른 어느 것과도 구별되는 고유한 것이며 한시적인 시간의 지평위에서 인간이 향유해야 할 실재이다. 매쿼리(Maquarrie, 1973)에 의하면 '내가 있다'는 것은 '내가 존재한다'는 말이며 이는 곧 "내가 세상 안에 있다" 혹은 "내가 다른 사람들과 함께 있다"라는 뜻이다. 나의 존재의 근원은 데카르트가 "나는 생각한다. 그러므로 존재한다."라고 말한 것처럼 추상적 사고가 아니다. 몸과 마음을 가진 내가 지금 여기 세상에 다른 사람들과 함께 있는 것이 실존이다. 베르그송의 "실존을 의식하는 인간은 변화한다. 변화하는 것은 성숙하는 것이다. 성숙한다는 것은 자기 자신을 끝없이 창조해 가는 것이다(Bergson, 1911)."라는 말은 자비스(Jarvis, 2006: 5)의 평생학습 이해에 매우 중요한 전제다. 인간은 경험에 대한 성찰과 선택으로 가치와 신념을 형성해 간다. 실존주의적 관점에서 개인이 감당해야 할 평생학습의 책무는 '자신이 되는 것'이다.

학습주체로서의 개인

자비스(Jarvis, 2006)는 평생학습의 개념을 논의할 때 평생학습의 주체인 개인과 그의 삶에 대해 주목해야 한다고 하였다. 학습의 주체는 몸과 마음, 그리고 자신을 통합하는 정체성을 가지고 구체적인 사회생활을 영위하는 사람이다. 그는 우리가 '나는 수학을 가르칩니다.'

라고 말하는 것은 잘못된 표현이라고 말한다. 우리는 사람이 수학을 배우도록 가르친다고 말해야 한다는 것이다. 사람이 새로운 지식에 접하거나 경험에 접하여 무엇을 배웠다는 것은 그 지식이나 경험에 접하기 이전과는 다른 사람이 될 수 있음에 주목한다. 단순 암기나 단순 반응 수준의 학습도 있지만 개인의 본질이나 정체성에 변화를 초래하는 배움도 있음을 말하는 것이다(Jarvis, 2006: 23). 그래서 평생학습이란 한 생명체로서의 개인이 생명활동의 연장에서 지속적으로 환경과 주체적인 상호관계를 해 나가면서 환경과의 부조화를 지각하고 그것과 조화를 이루도록 자신을 변화시키는 행위를 반복하는 가운데 변화해 가는 과정이라고 본다(Jarvis, 2006: 133).

학습 – 경험의 처리를 통한 인간의 변화과정

인간의 행위는 이 세상 안에서 이루어진다. 항상 이 세상에 관여하는 가운데 우리는 자신과 세상을 경험한다. 몸과 마음을 통한 경험이 학습의 소재가 된다. 학습은 이 경험을 처리하는 과정이라고도 할 수 있다. 자비스(Jarvis, 2006: 13)는 학습이란 몸(유전적으로 부여된 신체적 생물학적인 실체)과 마음(지식, 기능, 태도, 가치관, 감수성, 신념, 감각)을 가진 전일적 인간이 사회적 상황에서 평생에 걸쳐 인지적, 정서적, 신체적으로 경험한 것을 자신의 생애와 통합시켜 지속적으로 '보다 많은 경험을 가진 존재'로 변화해 가는 통합적 과정이라고 정의한다. 경험의 주체인 인간이 경험을 통하여 자신을 변화시키는 과정이라는 것이다.

학습을 통한 개인의 변화 과정을 그림으로 나타내면 다음 [그림 2-2]와 같다. 학습의 전제는 생활 세계 속에 제한된 시간동안 존재하는 몸과 마음과 자의식을 가진 전인적 존재로서의 학습주체(1-1)이다. 학습은 사회적으로 구성된 경험(2)에 의해 촉발된다. 이 경험은 인지적 사고와 성찰(3), 정서(4), 행위(5)를 포괄하는 종합적 경험이다. 예를 들

그림 2-2 학습을 통한 개인의 변화

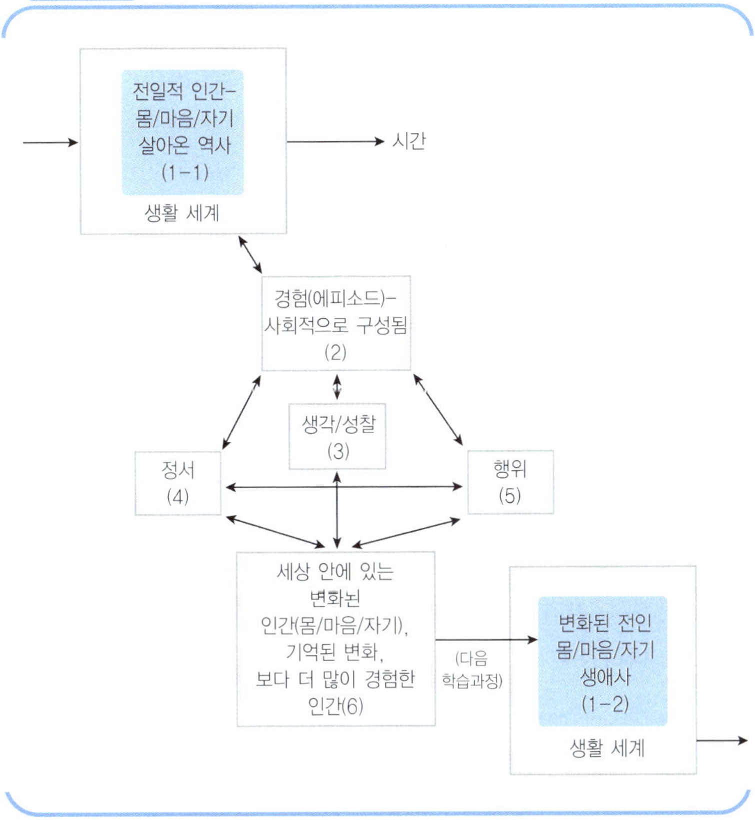

자료: Jarvis(2006: 23).

어 어떤 낯선 도시에서 시내버스를 타는 경험을 하였다고 할 때, 그 버스를 타는 행위로 인해 목적지로 가는 버스인지를 확인하기 위한 인지적 사고와 성찰을 하게 되며, 길을 물었을 때 대답하는 사람의 음성과 태도에서 어떤 친절한 정서를 느끼고 호기심으로 바라보는 낯선 사람들의 시선에서 경계심을 느끼는 경험을 동시에 하게 된다.

우리가 잘 알고 있는 도시의 익숙한 전철을 타고, 몸과 마음에 어떤 변화 없이 순조롭게 이동을 하였다면, 환경과 경험하는 주체로서의 나 사이에 어떤 조화로운 상호작용이 일어난 것을 의미한다. 이 경험은 이미 형성된, 기억된 일상의 반복을 통해서 원만하게 일어난 것이기 때문에 새로운 변화를 낳지 않는다. 그러나 처음 방문한 낯선 도시에서 버스를 타는 경험에는 어떻게 버스표를 구입하고 어떻게 개찰하고 검표원이 다가왔을 때 어떻게 반응해야 할지를 배우는 과정이 수반된다. 이 때 생활 세계와 나 사이의 부조화나 불균형을 심하게 지각하고 깊이 성찰하여 그 불균형을 해소하고 조화롭게 만들기 위한 어떤 변화가 일어날 수 있다. 그것이 학습의 결과로서 "변화된, 더 많은 것을 경험한 인간"이다. 자비스(Jarvis, 2006)는 몸과 마음을 함께 통합하여 살고 있는 전인으로서의 인간이 통합적 경험을 심도 있게 성찰하여 처리하는 가운데 새로운 인간으로 변화해 간다고 본다. 학습의 결과로서 개인에게 일어난 변화는 예를 들면, 지각(perception), 자기 정체성, 자존감, 진실성, 자기효능감, 자율성, 사회적 정체성, 다른 사람과의 관계 등으로 나타날 수 있다(Jarvis, 2006: 119-132).

학습과 성장에 대한 생태학적 접근

인간의 발달과 성장을 포괄적이며 총체적으로 이해하려는 시도가 인간생태학(human ecology)이다. 이것은 이론 틀로 존재하는 학문이 아니라 인간의 행동 및 발달과 관련된 여러 학문을 생태학적 관점으로 통합하여 재구성한 학문분야이다(강윤정·김갑성, 2010). 브론펜브렌너(Bronfenbrenner, 1992)는 레빈(Lewin, 1935)의 장이론(field theory)과 베르탈란피(Bertalanffy, 1946)의 일반 체제이론(general system theory)을 기반으로 생태학적 관점에서 인간발달을 기술하고자 하였다. 레빈은 인간의 행동은 개인과 환경간의 상호작용을 통해 발전한다고 보았다. 그러므로 인간의 발달을 연구할 때 개인과 환경 사이의 상호작용에 특별한 주의를 기울여야 한다(Bronfenbrenner, 1992: 15). 개인과 환경의 상호작용을 중시하는 인간발달생태학은 "적극적으로 성장해 가고 있는 인간과 발달하고 있는 개인이 살고 있는 즉각적인 장면의 변화하는 속성이 발전적으로 상호조절하는 과정을 과학적으로 연구하는 학문"이라고 정의되었다(Bronfenbrenner, 1992: 20). 이 정의에서 개인은 백지상태에서 환경의 영향에 전적으로 지배되는 존재가 아니라 스스로 성장하는 역동적인 주체로서 자신이 살고 있는 환경에 영향을 받을 뿐 아니라 그 환경 안으로 들어와 환경에 영향을 미치고 재구성하는 존재다. 개인과 환경은 상호 호혜적인 성격을 갖고 있다.

인간발달생태학에서 개인과 상호작용을 하는 환경은 단일체제가 아니라 미시체제(microsystem), 중간체제(mesosystem), 외체제(exo-system), 그리고 거시체제(macrosystem) 등으로 구성된 복합적 체제이다(Bronfenbrenner, 1992: 20). 미시체제란 개인이 특정한 물적 환경 안에서 경험하는 활동, 역할 및 상호관계의 유형이다. 예를 들면 책상, 의자, 동료들과 교수를 포함하는 어떤 교과를 수강하는 강의실 같은 것이 미시체제이다. 중간체제는 발달하는 개인이 적극적으로 참여하는 둘 이상의 환경들 간의 상호관계로 이루어져 있다. 예를 들면 성인의 경우 가족, 직장, 사회생활 사이의 관계이다. 여러 학년과 학급 집단으로 구성된 학교도 중간체제라고 볼 수 있다. 외체제는 개인이 적극적인 참여자로 관여하지는 않으나 그가 속한 환경에서 일어나는 일에 영향을 주거나 영향을 받는 사건이 발생하는 하나 또는 그 이상의 환경을 의미한다. 예를 들면 어린이가 공부하는 학급의 관점에서 보면 학생 아버지의 직장, 형제관계, 부모의 사회적 연결망 등이 외체제이다. 거시체제는 기본적인 신념체제나 혹은 이념과 함께 하위체제들(미시체제, 중간체제, 외체제)의 형태나 내용에서 나타나는 일관성으로서 하위문화 수준이나 문화 전반 수준에 존재한다.

영국 서리대학(University of Surrey)에서 전 생활영역 학습 프로젝트를 이끌고 있는 잭슨(Jackson, 2013)은 오늘날 학습은 ICT 연결망을 통해 전 생애(lifelong), 전 생활영역(lifewide)에서 이루어지며 개인의 학습생태계는 가정, 일, 취미 등 개인적 활동과 학습자원, 인간관계, 학습의지와 역량, 학습과정의 추진력 등으로 구성된다고 보았다.

한숭희(2001)는 학습생태계의 중심에 서 있는 학습자에 주목한다. 학습자는 스스로 생명을 유지하고 성장하려는 의지를 가지고 능동적이고 자기 주도적으로 학습하는 존재라는 것이다. 물적 에너지를 얻기 위해 음식물을 섭취하고 신진대사 하듯이 정신에너지를 얻기 위해 학습을 한다는 것이다: "인간은 정신적으로 생존하기 위해서 정신에너지를 필요로 한다. 학습이란 정신에너지를 만들어내기 위해 지식과 정보를 흡수하며 소화하는 생태학적 구성과정이라고 가정한다. 학습은 정신적 신진대사를 위해 기초 원 자료로서의 지식을 먹고 그것을 자신의 생태계에 맞는 구조로 변환시키는 과정이다(p. 108)." 그는 학습을 식물이 광합성을 통해 물, 양분과 공기 등 자신에게 필요한 에너지를 획득하는 과정과 비교하였다. 학습은 인간의 생존을 위한 기초적 삶의 방식이며, 당장 먹어야 사는 것처럼 아무리 열악한 상황에서도 학습을 해야 생존할 수 있다고 하였다. 그는 인간에게 있어서 학습이란 "대단히 주체적이고 자기주도적, 변환적이며, 경험적(p. 108)"이라는 것에 주목했다.

사회적인 측면에서 한숭희(2001)는 학습생태계를 학습자라는 개인의 성장과 조직공동체의 발전을 학습과 환경의 상호작용을 통해서 호혜적이며 지속가능한 방식으로 함께 성장해가는 과정으로 이해할 수 있는 패러다임이라고 본다. 형식교육에서 주로 이뤄지는 교육이 생활세계 속에서 자연스럽게 학습자가 주도적으로 수행하는 비형식, 무형식 학습으로 연결된다. 그는 평생학습의 생활화를 위해 학습을 위한 생태계 내부에 인위적인 교육 및 교육 도구의 개입을 최소화하고 생활 속에서 이루어지는 자율적인 학습을 권고한다. 한숭희(2006)에 따르면, 학습생태계는 하나의 체제로 볼 수 있고, 이 체제의 가장 작은 단위인 미시계는 '학습활동'이다. 학습활동의 변인은 일상생활에서 이루어지는 학습과 관련된 활동으로, 예를 들어 학습주체, 학습욕구, 학습관계, 학습내용, 학습상황 등으로 구성된다. 학습활동이라는 미시계를 둘러싸고 있는 중간계는 '학습생활'이다. 학습생활은 학교교육, 취미활동, 여행 등 여러 학습활동 들을 포괄하는 것으로서 학습활동과 환경의 상호작용하는 방식에 관한 개념이다(한숭희, 2006). 학습생활은 학습이 일어나는 상황과 학습을 하고 있는 개인의 삶을 함께 묶어 이해하여야 한다. 특정 지식이 어떠한 환경 속에서 어떤 상황과 맞물려서 학습자에게 자신의 지식으로 받아들여졌는지 등을 고려하는 것이 필요하다. 학습은 강의실에서 교수자로부터 제공되는 지식을 수동적으로 받아들이는 제한된 활동이 아니라, 환경, 상황과 학습이 상호작용하는 가운데 학습자가 능동적으로 지식을 구성하는 활동이다(한숭희, 2006). 미시계와 중간계를 포함하는 거시계로서의 학습생태계는 많은 종류의 학습들이 엮이고 활용되어 학습의 효과가 최대가 될 수 있는 공간이다(한숭희, 2001). 주어진 환경에 따른 학습방법은 다양한 방향으로 다양한 요인들과 조합되어 거미줄과 같은 관계망을 만든다. 다시 말하면, 일, 놀이, 사건, 사고 등이 유기적으로 연결되어 새로운 공간을 창조하고 자기완결적으로 학습이 이루어진다(한숭희, 2010).

이상 개인중심 평생학습론으로 분류할 수 있는 자비스의 실존주의적 평생학습론과 한숭희의 생태학적 평생학습론을 살펴보았다. 양자 모두 학습의 주체를 개인이라고 보는 점에서는 차이가 없다. 전자는 학습행위를 실존적 현상이라고 보지만 후자는 생태계 속에서 한 생명체가 살아가는 현상으로 관찰한다. 양자간 차이는 학습 환경을 어떻게 보느냐에 있다. 전자는 학습 환경을 시간의 흐름에 따라 개인이 만나게 되는 삶의 다양한 국면이라고 본다. 후자는 시간의 축을 잠시 멈추어 두고 학습자를 둘러싸고 있는 환경을 미시계, 중간계, 외체계, 거시계로 구분하여 학습자가 직접 접촉하는 미시계와만 상호작용을 하는 것이 아니라 복합적이고 중층적인 환경과 상호작용을 하며 성장, 변화해 간다는 것으로 본다. 또한 전자는 개인이 경험을 어떻게 처리하느냐에 따라 학습의 결과와 심도가 좌우된다고 보지만, 후자는 개인이 자신을 둘러싸고 있는 중층적 생태계를 어떻게 지각하고 지각된 환경과 어떻게 상호작용을 하며 어떻게 살아가는가가 중요하다고 본다. 요컨대 평생학습의 특성 중 전자는 전 생애(lifelong) 측면을 강조해서 보았다면, 후자는 전 생활영역(life-wide) 측면을 강조해서 보았다고 할 수 있다. 평생학습이란 전 생애적이며 전 생활영역을 아우르는 것이라고 할 때 양자의 접근은 서로 상호 보완적으로 통합될 수 있을 것이다.

4. 종합 정리

본장에서는 일하는 삶의 여정에서 지속적으로 자신의 경험을 거르고, 성찰하여 재구성하며, 성장하는 인간으로서 당면하는 평생학습의 개념과 범주를 살펴보았다. 제1절의 일하는 삶의 여정에서 볼 때 대학교육을 이수하는 시기는 진로 및 일자리를 선택하고 준비하는 과정이다. 최근 대두하고 있는 인공지능과 로봇의 도입에 의한 일자리 감소 현실에 적응하기 위해서는 창조적 전문성을 기르도록 노력해야 한다.

제2절에서는 평생학습이란 무엇인가? 어떤 맥락에서 등장한 개념인가? 인적자원개발과는 어떤 관계가 있는가? 등을 살펴보았다. 평생학습은 전 생애(life-long)에 걸친 학습인 동시에 삶의 전체 영역(life-wide)에서 일어나는 학습이다. 이 책에서는 자비스(2007)의 의견을 수

용하여, 평생학습이란 “생물학적 존재로서의 몸과, 지식, 기술, 가치와 신념, 감수성 등을 지닌 인간이 사회적 상황에서 평생에 걸쳐 인지적, 정서적, 신체적으로 경험한 것을 자신의 생애와 통합시켜 지속적으로 보다 많은 경험을 가진 존재로 변화해 가는 통합적 과정”이라고 정의하였다.

제3절 평생학습의 범주에서는 평생학습은 학습자의 의도에 따라 교양과 취미를 위한 것과 직업능력개발을 위한 것으로 구분할 수 있으며 개인수준에서 이루어지는 인적자원개발은 직업능력개발을 위한 평생학습에 해당됨을 논하였다. 무엇을 평생에 걸쳐 학습해야 하는가를 보는 관점으로 지식경제론적 관점과 주체성 중심의 관점을 논의하였다. 전자는 지식에 의존하는 경제가 성장을 견인하는 경제 시대가 오고 있다는 인식을 기반으로 평생학습의 필요성을 역설한다.

전인적 학습자인 개인의 주체성을 강조한 평생학습 이론을 수립한 자비스는 실존주의 철학을 기반으로 생애 전반에서 일어나는 총체적 경험을 거르고 성찰하여, 개인의 지속적인 성장과 변화를 도모하는 것이 평생학습의 본질이라고 보았다. 자비스(Jarvis, 2006)는 학습이란 의미 있는 경험(에피소드)을 몸, 마음(인지), 정서의 주체인 개인이 ‘처리’하여 세상에서 보다 많은 경험을 가진, 변화를 기억하는 새로운 인간이 되는 것이라고 보았다. 평생학습은 이러한 전인적 경험학습이 반복적으로 이루어지는 것이다.

평생학습자 개인의 주도적 참여를 강조하는 또 하나의 평생학습론은 생태학적 접근이다. 생태학적 접근은 인간의 발달 과정을 개인과 개인을 둘러싸고 있는 환경간의 상호작용과정으로 이해한 브론펜브렌너의 생태적 접근을 기반으로 평생학습을 이해하는 것이다. 한숭희(2001)는 평생학습의 주체인 학습자를 스스로 생명을 유지하고 성장하려는 의지를 가지고 능동적이고 자기주도적으로 학습하는 존재라고 본다. 학습은 정신적 신진대사와 같아서 “정신에너지를 만들어 내기 위해 지식과 정보를 흡수하고 소화하는 생태적 구성 과정”이라고 보았다.

평생학습의 대상은 상황과 학습자의 관점에 따라 매우 다양하지만 여기에서는 급속하게 변화하는 사회에 적응하기 위한 지식과 전문성의 학습을 강조하는 지식경제학적 관점, 평생학습을 자기 자신의 개성과 인격형성, 정신적 에너지를 만드는 등 학습자 개인의 삶과 생명 유지를 위한 실존적 활동이라고 보는 주체성 중심의 평생학습 관점 등을 살펴보았다.

평생학습을 위해 대학교육 단계에서 준비해야 할 것은 무엇인가라는 질문에 대한 답변은 평생학습을 무엇이라고 생각하는가에 따라 달라질 것이다. 지식경제학적 관점에 따르면, 대학교육 중에는 무엇보다도 인공지능이나 로봇 앞에서 일자리 위협을 받지 않도록 기초교양교육과 전문성을 함양해야 한다. 주체성 중심 평생학습관에 따르면, 자기 정체성, 주체성, 실존인식 등이 중요하다. 사람은 빵으로만 사는 존재가 아니기 때문에 정신적 에너지를 얻기 위한 대사활동으로 평생 학습을 지속해야 하는 것이다. 이 관점에 따르면 대학교육은 세계와 대면하고 있는 전인으로서의 자기를 성찰하고, 경험을 처리하여 더 나은 자기로 성장해 가는 학습력을 육성해야 한다. 변화하는 지식기반 경제가 요구하는 전문성을 습득하는 것과 자신의 내면을 성찰하여 튼튼하게, 에너지가 넘치게, 일에 매몰되어 번 아웃(burn-out) 되지 않게 하는 것이 상반되는 것은 아니다. 이 위기의 시대를 극복해야 하는 젊은이는 직업적 전문성과 자기 내면을 돌보고 성장하게 하는 평생학습 중 어느 것도 소홀히 할 수 없다.

제3장

학습의 계획과 실행

학습목표

❶ 평생학습사회에서 학습하는 방법의 학습의 필요성과 개념을 설명할 수 있다.

❷ 자기조절학습을 위해 필요한 기초개념으로 인지와 초인지를 설명할 수 있다.

❸ 자기조절학습의 실행 방법인 GAME 모형의 학습 목표설정 및 계획 수립, 학습활동 실행, 관찰과 성찰, 평가 등 4단계에 따라 자신의 학습행동을 진단하고 개선할 수 있다.

❹ 지식획득을 위한 학습행동을 준비(학습의도정하기, 선지식활성화), 학습(정교화, 요약/축약하기, 체계화), 암기(저장, 인출) 모형에 따라 진단하고 개선할 수 있다.

제3장

학습의 계획과 실행

자신의 일과 관련된 능력을 개발하며, 변화하는 기술과 지식을 습득하여 전문성을 유지하고 심화하는 개인수준의 인적자원개발은 평생학습의 실천과 다르지 않다. 일과 관련된 평생학습을 실천하는 사람은 능력개발의 주체답게 자신의 요구와 환경의 변화를 통찰하여 무엇을 학습할 것인지 선택하고 그것을 어떻게 학습할 것인지 대책을 세워 실행한다. 특정 분야의 전문성을 습득하여 자신이 원하는 전문분야에서 성장하고 활동하기를 원하는 평생 학습자는 학습하는 방법에 관심을 갖고 자신의 학습방법을 지각하고 관찰하며 이를 개선하기 위해 꾸준히 연습하고 익혀야 한다. 본 장에서는 평생학습자에게 필요한 기본적 학습방법의 학습, 인지와 초인지, 자기조절학습의 계획과 실행에 대하여 살펴보고자 한다.

1. 학습하는 방법의 학습

탈무드에는 '자녀에게 물고기 한 마리를 잡아 주면 하루 먹을 수 있지만 물고기 잡는 법을 가르쳐주면 평생 먹을 수 있다'는 지혜가 전해진다. 탈무드의 지혜를 실생활에 적용하면 다음과 같이 말할 수 있다: 학생에게 학기말 시험 보는 데 필요한 지식을 잘 전달하면 그 시험에서 좋은 성적을 받을 수 있겠지만, 학습하는 방법을 습득하게 하면 그가 평생 살아가는 데 필요한 지식을 습득할 수 있게 된다.

20세기 초 하바드 대학의 총장으로 미국대학교육 개혁을 이끌었던 에버트 로웰(Abbott Lawrence Lowell)은 대학교육의 목적은 방대한 양의 정보를 전달하는 데 있는 것이 아니라 문제에 도전하고 분석, 추론하여 결과를 도출할 수 있는 지적 능력을 훈련하는 데 있다고 하였다. 정보가 급속히 팽창하고 있는 평생학습 사회에서는 정보의 습득보다는 정보를 분별하여 수집하고, 그를 분석하여 재조직, 재생산하는 학습방법의 학습이 더욱 중요해졌다.

불확실성이 점점 높아져가는 미래사회에 대응하기 위해서는 초, 중등 교육에서도 낮은 학년에서는 교사의 친절한 돌봄과 적극적인 개입이 필요하지만 학년이 높아질수록 학습자의 독립적인 학습활동을 더 많이 요구해야 한다(Gardner, 2008).[1] 대학생이 되면 공부에 대해 스스로 선택하고 결정해야 할 일들이 많아지고, 누구의 지도나 지시에 의

1) 하워드 가드너(2008)는 학교, 교사, 학생, 학부모 등 모두가 공부 잘하기를 원하고 노력을 기울임에도 불구하고 정작 미래에 필요한 능력을 습득하지 못하는 것은 교과(subject matter)와 학습방법의 훈련(discipline)을 혼돈하기 때문이라고 한다. 교과는 과거의 지식들로 구성되지만 학습방법의 훈련은 미래의 문제를 해결하는 데 필요한 정보를 점검하고 조직하고, 지식을 구성하고 창조하는 능력의 육성을 목표로 한다. 그는 최소한 한 종류의 특정 학문 분야나 기술, 혹은 전문 직업의 특징을 이루는 독특한 인지 양식을 체득해야 한다고 했다(pp. 21–44).

존하여 공부를 해나가기가 어렵다. 무엇을 언제 어떻게 학습할지를 스스로 결정하고 실행해야 한다. 대학을 졸업하고 취업하면, 일과(日課)의 압박 속에서 공부할 수 있는 시간을 마련하는 것부터 쉽지 않기 때문에 필요를 느껴 무엇을 배우려고 할 때는 자신의 강한 의지력과 실행력이 요구된다. 따라서 스스로 학습하는 방법을 체득하는 것은 평생학습의 실천을 위해 매우 중요하다.

평생학습을 지속적으로 실행하고, 효과적으로 실천하기 위해서도 학습하는 방법의 학습이 중요하다고 하지만 학교교육의 풍경은 학습방법의 학습과 거리가 있다. 일반적으로 학교에서 학생은 정보획득을 교사에 의존한다. 학생은 교사가 학습 자료를 제공해주고 자신을 동기화해주고, 학습에 대해 책임져주기를 기대한다. 학생들이 무엇을 어떻게 언제 어느 정도로 학습할 것인지 미리 계획하고 통제하고 조절해 주는 것은 교사의 책무이다(Boekaerts & Niemiviirta, 2000: 419). 교사가 선별해서 조직한 선언적인 지식을 전달하고 설명하면 학생은 그것을 수동적으로 수용하고 저장한다. 이와 같은 수동적 학습 상황에서는 학생이 스스로 학습하는 방법을 배울 기회가 부족하다. 스스로 학습하는 방법을 체득하지 못하다보니 학습에 투입하는 시간이 많아도 좋은 성과를 거두지 못하는 경우가 많다. 스스로 학습하는 것이 중요하다고 많은 사람이 주장해도 학습하는 기술을 체화하여 실행하는 사람이 많지 않은 것은 입시중심의 수동적 학습풍토, 학습하는 방법의 학습에 대한 낮은 관심과 스스로 탐구하고 학습하려는 의지가 약함에 기인한다.

학습에는 동기, 인지, 몸과 환경 등 여러 요인이 동시에 관여한다. 학습을 잘 한다는 것은 학습에 관여하는 여러 요인을 잘 지각하고 조절하는 것을 말한다. 스스로 학습해야 할 필요성을 지각하고 의욕을 갖는 내적 태도가 학습 동기이다. 학습 동기는 인지 기능을 담당하는 뇌 신경세포에 저장된 지식과 경험을 활성화하고 집중하여 새로운 상황과 지식을 파악하게 한다. 그리고 스스로 학습하는 방법을 익히기 위해서는 원리를 파악하고 집중하여 학습하는 자신을 관찰하고 돌이켜 보며 개선하는 과정을 반복, 연습해야 한다. 학습활동을 주로 담당하는 두뇌도 몸의 일부이기 때문에 학습 효과를 높이기 위해서는 적절한 휴식과 영양을 취하여 학습에 집중할 수 있도록 몸을 관리하고 소음, 조명, 온도와 습도 등 여러 환경 요인을 지각하고 조절해야 한다.

학습하는 방법에 관한 원리를 배우는 데 유익한 책들이 적지 않다. 손쉽게 다가갈 수 있는 일반인을 대상으로 출판된 서적(김대식, 2003; 슈나이더, 2004; 송인섭, 2007; 조지레오나르트, 2007; 이중재, 2011; 야마구치 마유, 2014; 대니얼 골먼, 2014 등)은 긴박하게 학습을 실천하고 성과를 내야 하는 사람들의 눈길을 끈다. 전통적으로 인간의 학습을 주요 연구주제로 삼는 학문영역은 심리학이며, 그중에서도 학습을 중점적으로 다루는 분야가 학습심리학이다. 최근 학습을 학문적으로 연구하는 전문분야로 인지과학과 학습관련 인간 행동을 연구하는 여러 학문 분야를 통합한 학습과학(learning science)이 대두하였다. 그러나 학습의 실천적 기술을 습득하려는 목적을 가지고 학습심리학 입문서를 펼치면 기능주의, 행동주의, 형태주의, 구성주의 등 여러 가지 학습이론을 소개하고 학문적 논의를 전개하는 전문 술어에 대한 설명이 먼저 나오기 때문에 읽고 이해하기가 쉽지 않다. 1990년대에 들어와 새로운 학문분야로 등장한 학습과학 분야의 서적들도 일반인에게 어렵기는 마찬가지다. 이것이 어려운 이유는 학자들을 위해 지식을 생산하고 가공한 데도 원인이 있다. 무엇보다 학습하는 방법을 배워야 할 학습 당사자들을 위한 것이 아니라, 학생들을 가르치고 학습방법을 지도, 조언하는 교사나, 그에 관한 연구를 수행하는 전문가들을 위한 것이기 때문이다.

이 장에서는 최근의 연구 결과를 바탕으로 자기 스스로 학습하는 방법을 습득하고자 하는 사람이 실용적인 지침을 얻을 수 있는 학습 방법을 소개하고자 한다. 그것은 학습에 대한 전문 연구 분야 중 학습을 실천하려는 대학생에게 유익한 시사점을 주는 자기조절학습(self-regulated learning) 방법이다. 자기조절학습이란 초인지(meta-cognition)에 대한 지식을 기반으로 학습자 스스로 자신의 학습 방법과 습관에 대한 관심을 가지고 학습을 계획하고 실행하는 과정을 관찰해 가면서 자신의 학습동기, 목적과 방법을 조절하며 실행을 개선해 나가는 학습을 말한다.

대학생의 자기조절학습에 대해 많은 연구를 수행한 짐머만(Zimmer-man, 1998)은 대학생들을 인터뷰한 결과분석을 기반으로 자기조절학습자의 특성을 자기평가, 내용의 조직과 전환, 목표수립, 계획, 정보검색 및 수집, 노트정리, 자기 관찰, 학습 환경의 조직과 개선, 자존감, 반복 연습, 암기, 동료, 교사, 또는 다른 사람에게 도움 청하기, 노트, 교재 혹은 시험에 대해 복습하기 등 14가지로 정리하였다. 자기조절학습에 숙련된 사람은 학습할 과업에 많은 자원과 자신감을 갖고 근면하게 접근한다. 그들은 스스로 어떤 것은 알고, 어떤 것은 알지 못하는지, 어떤 기술은 익숙하고 어떤 것은 미숙한지 인지하고 있다. 수동적인 학습자들과는 달리 필요한 정보는 적극적으로 검색하고 필요하다고 생각되면 그것을 완전하게 암기하여 습득한다. 학습 중 열악한 환경, 교사의 혼란스러운 설명, 이해하기 어려운 교재 등 장애물에 부딪히면 그를 극복할 방안을 찾아낸다. 그들은 학습이란 체계적이고 조절할 수 있는 과정이라고 생각하며 학업성취에 대한 책임을 진다(Borkowsky, Carr, Rellinger & Pressley, 1990). 인지 및 초인지의 개념과 자기조절학습의 실행에 대해서는 뒤에서 다루기로 한다.

2. 인지(認知, cognition)와 초인지(超認知, meta-cognition)

'인간은 생각하는 갈대'라는 파스칼의 말이나 '생각하기 때문에 존재한다'는 데카르트의 말이나 모두 인간은 마음을 가지고 있으며, 이 마음의 특성 중 하나가 앎이라는 것이다. 인간이 환경과 사물을 지각하고 언어를 알아듣고, 자신을 알고, 자신의 행동을 조절할 수 있는 것은 앎의 힘을 가지고 있기 때문이다. 전통적으로는 인간의 마음을 지, 정, 의 3요소로 구분할 때, 지에 해당되는 것이 인지라고 보았다. 그러나 인간의 지적 특성에 관한 이해가 심화되면서 정서와 의지의 상당부분이 인지적 활동으로 이해될 수 있음이 밝혀졌다(이정모, 2001). 지, 정, 의는 서로 분리되어 있는 것이 아니라 상호연계되어 경계를 정하기가 어렵다는 것이다. 인지심리학의 입장에서 인지란 "행위자에 의한 지식의 생성과 활용에 관련되는 전체 활동"이라고 폭넓게 정의된다(이정모, 2001: 25). 이 관점에서 볼 때 인간은 생활 장면에서 내적, 외적 자극을 통해 정보를 획득하고 변형시키며, 산출해 내는 고등정신활동을 수행한다. 자극을 통해 들어온 정보를 형성, 보유, 변환, 산출, 활용하는 과정을 인지과정(認知過程, cognitive process)이라고 하며, 인지과정을 통해 획득, 보유, 활용되는 지식, 즉 마음의 내용을 표상(表象, representation)이라고 한다(이정모, 2001: 25).

인간의 인지 활동은 매우 다양하다. 외부 자극이 인간의 감각기관에 와 닿는 순간부터 살펴보면, 인지활동에는 감각, 지각, 주의, 대상의 정체파악(이를 인지심리학에서는 형태재인이라 함), 학습, 기억, 언어의 이해 및 산출, 추리, 판단, 결정, 문제해결 등의 각종 사고 및 의식, 정서 등의 심적 과정이 포함된다(이정모, 2001: 25). 인간의 주요 인지기능을 간단히 설명하면 다음 〈표 3-1〉과 같다.

표 3-1 인간의 주요 인지기능과 그 의미

인지기능	의미
감각	5감을 통해 자극을 느끼는 활동
지각 (perception)	감각된 것을 마음의 내용으로 만드는 과정. 감각기관에 닿은 자극을 탐지하여 정체를 파악하기 위해서는 일정한 강도 이상의 자극이 필요하며 감각된 정보는 정체 파악을 위해 뉴런 활동을 통해 통합하고 해석하는 과정을 거치게 되는데, 감각정보를 통합하고 해석하는 과정을 지각이라 함
주의 (attention)	소음 속에서도 낯익은 목소리를 인식한다든지, 운전하면서 도로 상황을 살핀다든지 할 때 경험할 수 있는 특정 정보에 대한 선택과 유시 활동
정체파악 혹은 형태재인 (pattern cognition)	사람의 얼굴을 인식한다거나, 글자를 인식하기, 말의 내용을 인식하기 등 대상의 정체를 지각하는 과정
학습	새로운 경험에 의해서 형성된 비교적 영속적인 지식과 행동의 변화
기억	지각된 정보를 부호화, 저장, 인출을 통해 활용하는 일련의 과정
언어이해와 산출	언어정보처리과정
문제해결	목표를 지향하는 일련의 인지적 처리 또는 조작과정. 문제해결 중에서 새로운 정보처리 절차의 발전이 요구되는 경우를 창의적 문제해결이라 하고 기존의 절차를 사용하는 경우를 일상적 문제해결이라 함
추리	논리적 사고 과정으로서 연역적, 귀납적 추리 등
판단과 결정	일반적 확률이나 불확실한 선택적 상황에 대한 판단과 의사결정과정

자료: 이정모(2001: 34-39) 정리.

초인지(超認知, meta-cognition)란 인지활동을 느끼고 알고 관찰하고 조절하는 인지활동을 말한다. 즉, 인지에 관한 인지라는 의미에서 상위인지의 한 종류라고 할 수 있다. 초인지는 생각하거나 알고 있다는 것을 아는 것에 관여한다. 초인지라는 말은 생소하지만 우리는 매일 의식하지 않는 가운데 초인지 활동을 하고 있다. 초인지 활동은 학습활동을 조절하여 성공적인 학습자가 되게 하고 생각하는 과정을 조절하여 집중적으로 어떤 생각을 심화하게 한다. 학습과제에 어떻게 접근할 것인지 결정을 하고, 내가 이 과제와 관련하여 알고 있는 것은 무엇인지, 모르고 있는 것은 무엇인지 검토해보는 것도 초인지 활동이다. 인지활동의 하나라고 할 수 있는 학습을 계획하고 학습실행 과정을 관찰하고 조절하는 것도 중요한 초인지 활동이다.

초인지에 대한 연구는 기억에 대한 인식을 연구한 하트(Hart, 1965)와 인지발달에 관심을 갖고 있던 플레벨(Flavell, 1979)에 의해 시작되었다(Schwartz & Perfect, 2002). 플레벨(Flavell, 1979; 1987)은 초인지를 인지인식, 인지 활동의 선택과 조절로 구분하였다. 인지인식은 사람이 자신의 지각, 기억, 학습 등 인지활동에 대해 아는 것을 뜻한다. 예를 들면 나는 생활관보다 도서관에서 공부할 때 집중이 더 잘 된다든가, 음악을 들을 때 공부가 잘 된다든가, 친구 세 명의 전화번호는 확실히 외우고 있다는 것 등을 아는 것이다. 인지 활동의 선택과 조절이란 인지 전략이라고도 하는데, 책을 한번 읽어서 이해하지 못했을 때 다시 한 번 읽는다든가, 분석하면서 읽는다든가, 노트에 요약하면서 읽는 것 등을 생각해 내고 실행하는 것이다. 대학생들의 경우 기본개념, 공식 등을 암기하기, 노트정리하기, 읽기과제 읽고 요약하기 등의 인지전략을 활용한다(Pressley 등, 1998). 방금 들은 전화번호를 잘 기억하기 위해서 소리 내어 반복해 말하면서 암기한다든가 어떤 사물과 연상하여 기억한다든가 하는 것은 기억이라는 인지활동을 잘 수행하기 위한 행동의 선택과 조절, 즉 인지전략이라고 할 수 있고 이것은 초인지에 포함된다. 지식획득을 위한 인지전략에 대해서는 다음 절에서 좀 더 상세히 논의하고자 한다.

인지전략(cognitive strategy)과 구분하여 사용하는 개념으로 초인지 전략(metacognitive strategy)이라는 말이 있다. 초인지 전략을 인지전략과 구분하여 정의하기가 쉽지 않지만, 말하자면 초인지 전략이란 인지 행위를 선택하고 조절하는 초인지 행위의 선택과 조절 활동이라고 할 수 있다. 예를 들면 학습의 목표 수립과 계획, 정교화, 내용 줄이기와 체계화 등 학습활동의 실행, 평가와 복습 등 일련의 초인지적 활동을 합목적적으로 선택하고 순서를 정하여 실행하고 조절하는 것이 초인지 전략이다.

3. 인지 전략 적용 자기조절학습

자기조절학습 이론은 1980년대에 초인지 이론, 사회학습 이론, 자기조절 동기이론에 대한 지식을 기반으로 학습자 스스로 학습목표를 설정하고 계획을 세워 학습활동을 실행하게 하려는 교육적 관심에서 시작되었다. 자기조절학습과 유사한 개념으로 자기주도학습이 있다. 양자 모두 학습자의 주도적인 학습을 강조한다는 점에서 유사하다. 자기주도학습이 성인교육학에서 시작되었다면 자기조절학습은 주로 대학생들의 학습연구에서 시작되었다.

자기주도학습은 성인학습자의 특성인 학습자의 주도성을 강조하였으나, 초인지와 자기조절 동기이론에 학문적 기반을 둔 자기조절학습이론은 초인지 이론과 인지전략 이론을 기반으로 학습자가 주도적으로 스스로의 동기, 인지, 행동을 조절하는 것과 연계하며 여러 가지 학습모형으로 발전하였다. 여기에서는 로스(Ross, 1999)에 의해 GAME 모형이라고 소개된 ① 목표설정과 계획수립(Goal setting and planning), ② 학습활동의 실행(Action), ③ 관찰과 성찰(Monitoring and Reflection),

④ 평가(Evaluation) 모형을 기본 틀로 하여 자기조절학습의 절차와 기법을 개관하고자 한다.

3.1 목표설정 및 계획수립

목표란 자신의 행위를 조절하는 기준이라고 볼 수 있다(Schunk, 1994). 학교 교실에서 이루어지는 학습에서는 학습목표가 좋은 학점이나 성적 받기 혹은 주제에 대해 폭넓게 이해하기 등이 될 수 있다. 장기적 평생학습의 관점에서 보면 졸업시험이나 자격시험에 합격할 수 있도록 지식을 습득하기와 같이 장기적인 목표설정도 가능하다. 좀 더 능동적으로 학습 맥락을 규정하는 학습자는 어떤 주제에 대해 탐구한 결과를 많은 사람들 앞에서 발표할 수 있도록 자료를 수집하고 분석하고 정리하기, 자신이 하는 일이나 인간관계에서 자주 부딪히는 구체적인 문제에 대하여 그 문제의 원인을 진단하고 해결책을 마련하기 등 개별적이고 사적인 문제해결과 관련된 목표를 설정할 수 있다. 예를 들어 좋은 학점받기, 성적 잘 받기와 같은 목표를 설정하면 피평가자인 자신을 평가자의 의도에 맞추어 공부하는 것을 전제로 하기 쉽다. 이것은 학습자가 학습의 맥락을 수동적으로 정의한 것이다.[2] 반면, 발표를 위한 준비나 개인적 문제 해결 등의 목표를 설정하는 것은 스스로 정의한 과업이나 문제를 전제하기 때문에 학습의 맥락을 능동적으로 정의한 것이라고 볼 수 있다.

수동적으로 학습맥락을 정의하는 학습자들은 교사가 적합한 목표를 설정하고, 적합한 학습 자료를 제공하며, 재미있게 학습활동을 이끌

2) 서울대에서 A+ 받는 학생들의 공부법에 대한 방송을 보면 학생들이 교수의 강의와 설명내용을 그대로 받아 적고 녹음하고 암기하여 답안지를 작성한다. 그러나 학생들 스스로 이러한 공부법으로 공부한 것은 해당 학기가 지나고 나면 남지 않는다고 하였다(https://www.youtube.com/watch?v=WTUs2W-iXHM).

어 학습과정을 관찰, 감시하고 학습결과에 대한 적절한 피드백을 주기를 기대한다. 그들은 수동적으로 학습맥락을 정의하고 따르는 것이 쉽게 공부하는 것이라 생각하지만 자기조절학습능력을 배양할 기회를 얻지 못한다. 스스로 의욕을 느끼는 학습주제를 선택하고 능동적으로 학습맥락을 정의하며 스스로 달성할 수 있는 목표를 설정할 때 자기조절학습 능력을 배양할 수 있다(Boekaerts & Niemivirta, 2000: 419).

자기조절학습을 위한 목표를 설정한다는 것은 실행가능성과 가치를 고려하여 학습자가 자신의 욕구와 기대, 희망을 학습 의도로 전환한다는 것을 의미한다(Rowden-Quince, 2013: 40). 자신의 학습활동을 조절하는 기준이 될 수 있는 학습목표를 설정하려면 일반적인 목표보다는 구체적으로 진술하여 비교의 기준이 될 수 있게 설정하는 것이 좋다. 이를 위하여 구체적이고(specific), 측정가능(measurable)하며, 행위지향적이고(action-oriented), 현실적이며(realistic), 완료까지의 시간을 명시한(time-bounded) 목표의 진술이 권장된다. 이러한 목표설정의 5가지 요건의 영문 머리글자를 따서 SMART 목표라고 한다(Locke & Latham, 1990). 예를 들어, 보통 "지난 강의 내용을 중심으로 나만의 노트 만들기"라고 목표를 설정한다. 이 목표를 SMART 방식으로 진술하면 다음과 같다: "금요일 밤 10시까지 지난 HRD 강의 수강시 토론하였던 3가지 핵심개념을 중심으로 3개 영역에 대한 마인드 맵 작성하기."

목표설정과 마찬가지로 계획수립은 실제 학습에 착수하기 전에 학습을 조절할 수 있는 방법이다. 목표설정과 계획수립은 동시에 연계하여 상호 보완적으로 이루어지는 경우가 많다. 계획수립 시 주의할 것은 학습을 수행하는 데 필요한 시간을 적절하게 배정하는 것이다. 계획에 따라 과업을 수행하는 일에 익숙하지 않은 경우에는 자신의 능력을 비현실적으로 높게 혹은 낮게 생각하거나 예상 소요시간을 너무 짧게 추산하는 경우가 많다(슈타이너, 2004).

자기조절학습모형의 특징은 한번 정한 학습 목표가 학습 상황과 잘 맞지 않는다고 생각될 경우 다시 수정할 수 있다는 것이다. 일단 계획을 수립하고 학습을 실행하면서 자신의 능력과 소요시간 예측이 적절하였는지 관찰하고 수정하며, 차기 계획수립에도 반영한다. 계획 수립 시에는 전체 목표를 몇 단계로 구분하여 시간계획을 수립하는 것도 도움이 된다. 시간 내에 목표를 달성하지 못하면 어떻게 할까에 대해서도 미리 생각하고 대책을 마련하는 것이 좋다. 목표 성취도를 높이기 위해 계획단계에서 해야 할 것은 '예상되는 장애물은 무엇인가?' 묻고 그에 대한 대책을 수립하는 것이다. 장애물은 환경적 요인으로 나의 집중을 방해하는 상황의 발생부터, 예상했던 장소에 중요한 자료가 없을 경우 등 물적 요인, 사람의 방문을 받을 경우 등 주의를 분산하는 요인 등 다양하다. 각 경우를 예상하고 대책을 수립하거나 미리 확인하여 두는 것이 필요하다.

3.2 학습활동의 실행

실행단계는 실제로 지식의 획득 작업이 이루어지는 과정이다. 계획에 따라 실행하는 학습과정은 다양한 인지적 활동을 자기조절학습 전략에 따라 순서대로 혹은 순환적으로 추진한다. 그리고 실행과정에는 실행과 더불어 이루어지는 점검과 성찰, 관찰 결과의 기록도 포함된다.

지식을 획득한다는 것은 지식을 능동적으로 구성하는 과정이다. 목수가 목재를 가공하여 가구를 만들고 집을 짓듯이 자신이 이미 가지고 있는 경험과 지적 개념위에 새로 획득한 경험과 개념을 연결하면서 지식을 구성하는 것이다. 지식을 구성함에 있어서 학습자는 자신의 직접적인 경험뿐 아니라 교재나 교사의 강의나 설명도 하나의 재료로 활용한다. 지식의 집을 구성하는 주체는 본인 자신이다. 획득한 지식의 구조물을 구성할 때는 기억하거나 다시 불러내기 쉽고 전달하기 좋게 표상을 만들어 가면서 추진한다. 지식의 획득과정은 여러 가지 요인들이 함께 그물망처럼 얽히는 복합적인 과정이다. 혼란스럽게 얽힌 정보의 홍수 속에서 조화로운 질서를 찾아내야 하고, 새로운 것을 이미 알고 있었던 것에 연결해야 한다. 그리고 필요하면 이미 알고 있던 지식들의 결합 순서를 재배열하거나 재구성해야 한다. 슈타이너(2004)는 지식의 획득과정을 "준비-학습-암기"라는 3단계로 구분하였다.

준비단계에서는 학습의도를 정하고 선지식을 활성화한다. 선지식을 활성화한다는 것은 해당 주제와 관련된 자신의 지식과 경험을 회상하고 현재 당면한 상황에 적용해 보는 것을 말한다.[3] 학습단계에서는 정교화, 요약/축약하기, 체계화하기 등의 인지전략을 활용한다. 그리고 마지막 암기단계는 외우고 저장하며, 복습을 통해 외운 것을 상화하고, 불러내어 재생하는 과정이다. 이를 그림으로 나타내면 [그림 3-1]과 같다. 각 단계별 학습활동을 구체적으로 살펴보기로 한다.

학습을 시작하기 전에 무엇을 왜 학습하는지 확인하여 마음의 준비를 하는 것이 준비단계다. 슈타이너(2004: 165)는 "단 20분을 공부하더라도 절대로 아무런 목적 없이 공부를 시작하지 말라. 특정한 의도 없이 공부하는 것은 시간낭비다."라고 하였다. 의도란 목적에 도달하고자 하는 희망이나 의지다. 의도를 정함으로써 주의집중을 하게 된다.

---

3) 오슈벨은 유의미 학습이 일어나는 과정은 새로운 지식이 학습자가 가지고 있는 기존의 정착 지식, 즉 인지 구조에 연결되거나 포섭되는 과정이라고 보았다. 이 때, 기존의 정착 지식 혹은 인지 구조를 자극할 수 있는 내용이 있어야 하는데, 이것이 바로 선행조직자이다. 선행조직자란 "본격적인 학습 전에 주어지는 추상성, 일반성, 포괄적인 선수 자료로서, 인지 구조 내에 있는 관련 정착지식(relevant anchoring idea)과 관련을 맺도록 제공되는 것"이다. Ausubel, D. (1963). The psychology of meaningful verbal learning. New York: Grune & Stratton.

그림 3-1 인지전략 기반 지식획득 학습

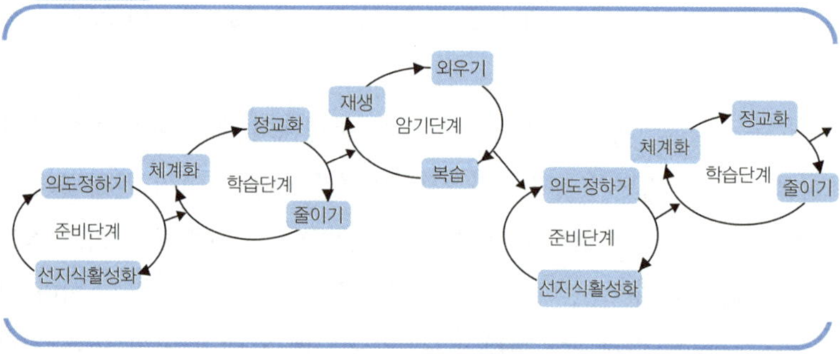

의도는 호기심일 수도 있고, 오늘 수업시간에 배운 내용을 노트에 정리하는 것을 결심하는 실천의지일 수도 있다. 예를 들어 "자기조절학습에 대한 책을 읽고 내일 친구들 앞에서 자료를 보지 않고도 설명할 수 있도록 마인드맵을 그려 암기하기"와 같이 구체적인 목표를 정할 수도 있다. 선지식 활성화란 내가 이미 가지고 있는 지식 중 공부하려는 것과 관련된 지식을 불러내어 그와 관련된 흥미로운 추가 정보를 모으는 것이다(슈타이너, 2004: 125). 선지식에서 호기심을 끌만한 것이나 탐구할만한 가치가 있는 것을 찾아내어 학습의 실마리로 삼으면 도입을 재미있게 만들 수 있다. 예를 들면 일화나 이야기, 전기, 대화, 영화 또는 신문에 보도된 현상들이나 통계, 수 등이다.

준비를 마치면 학습의 실행단계를 바로 시작한다. 학습은 검색, 수집 등을 통해 획득한 정보와 직, 간접 경험을 의미 있는 자기의 지식으로 구성하는 것이다. 이 단계는 정교화, 줄이기, 체계화 등의 인지전략을 활용한다. 정교화란 새로 공부할 내용과 직면하여 그것을 정밀하게 파악하고 이해하는 것이다. 이 때, 새로운 정보가 이미 가지고 있는 지식과 다르거나 모순이 되면 쉽게 파악도, 이해도 되지 않을 수 있다. 서로 연결하고 통합하기 위해서는 비교하고 분석하고 예를 찾고, 상징과 상상을 만들어 하나로 통합해야 한다(슈타이너, 2004: 126). 그림으로 그리거나 말로 표현해보고 비유를 통해 설명하는 방식으로 학습 내용을 정교화할 수 있다.

줄이고 축약하기는 중요한 것과 중요하지 않은 것을 구분하는 것으로 시작한다. 중요한 것은 남기고 중요하지 않은 것은 버린다. 남겨진 중요한 것을 서로 연계하여 그것들을 대표하는 개념이나 상징으로 축약한다. 체계화는 내용을 범주화하고 일반화하고 순서를 정하고 위계구조로 조직하는 것이다. 도표, 마인드맵 등을 활용하면 체계화에 도움이 된다.

끝으로 학습의 마무리 단계는 학습한 것을 암기하여 장기 기억 속에 저장하였다가 필요할 때 정확하게 불러낼 수 있게 갈무리하는 것이다. 자료를 정밀하게 파악하고 이해하고 전체 지식의 관계를 구성하였다고 해도 공부가 끝난 것은 아니다. 필요할 때 불러내어 사용할 수 있는 내 지식이 되어야 한다. 이를 위해서는 잘 정리되고 체계화된 내용을 여러 번 읽거나 쓰기를 반복하여 암기해야 한다. 대다수의 학생들이 암기와 망각에 대해 절망감을 느끼고 가급적 이를 피하려고 한다. 그러나 암기와 복습이 학습과정의 본질적인 부분이라는 것을 알고 제대로 하면 암기도 재미가 있고 성취감을 느끼게 해준다(슈타이너, 2004: 201).

기억을 잘하기 위한 기술을 니마닉스(mnemonics)라고 하는데 이것은 그리스 신화의 기억과 회상의 여신인 네모시네에서 비롯된 말이다. 네모시네는 아홉 뮤즈의 어머니로 예술과 학문을 태어나게 하였다. 기억술의 바탕은 ① 우리가 잘 알고 있는 구조와 장소를 가장 잘 기억한다는 것과 ② 어떤 사물이라도 상상 속에서 이 구조와 연결 지을 수 있다는 것이다(슈타이너, 2004: 211). 예를 들면 기억할 사물들을 자신이 잘 알고 있는 집의 구조와 연결하여 상상 속에서 배치하면 쉽게 잊어버리지 않는다. 기억력을 높이는 데 학습내용이 일상생활이나 취미 등에 가져오는 이익 환기하기, 개인적 관심, 흥미, 참여 등과 연결하기, 감정이나 감각적 경험과 연결하기, 기존의 지식 망과 통합하기 등이 도움이 된다. 사람은 한번 기억한 것을 영구적으로 기억하기는 쉽지 않다. 기억한 것을 장기간 보존하기 위해서는 복습이 필요하다. 새로운 단어나 표현을 여러 차례 반복하여 활용할 때 오래 기억할 수 있는 것도 복습의 효과다. 기억한 것을 불러내는 것도 인지 기능이다. 기억 속에 들어 있는 것이 분명한데도 말이 생각나지 않는 경우가 있기 때문에 어떤 지식에 제목이나 상징을 붙여 쉽게 불러낼 수 있도록 연습하는 것도 필요하다.

3.3 관찰과 성찰(Monitoring and Reflection)

유명한 야구선수 추신수는 어느 날 휴식시간에 무엇을 했느냐는 기자의 질문에 자신의 타격동작이 녹화된 동영상을 관찰하였다(mo-nitoring)고 하였다. 야구 선수뿐 아니라 골프선수, 피겨스케이팅 선수, 체조선수 등에게 자기 동작이 녹화된 영상의 검토는 주요 일과 중 하나이다. 매일 연습하는 동작이지만 미세한 변화가 일어날 수 있기 때문에 녹화된 영상을 엄밀하게 살펴보고 수정할 것이 있으면 수정하려는 것이 운동선수가 자신의 동작을 관찰하는 목적이다. 그들은 반복되는 실행과 관찰을 통해 자신만의 동작과 스타일을 만들어 간다. 학습도 계획, 실행, 평가와 같이 연결된 의도적 활동 과정이라고 할 때, 학습을 잘하려면 학습하는 나를 관찰하는 것이 필요하다. 또한 계획하였던 학습활동이 일단락된 다음 자기 자신과 자신의 학습활동 전체를 학습 결과와 연관 지어 깊이 성찰해 봄으로써 학습하는 자신의 특성과 습관을 더 깊이 이해하고 개선점을 찾아낼 수 있다. 관찰의 목적은 조절이다([그림 3-2] 참조).

그림 3-2 관찰과 조절

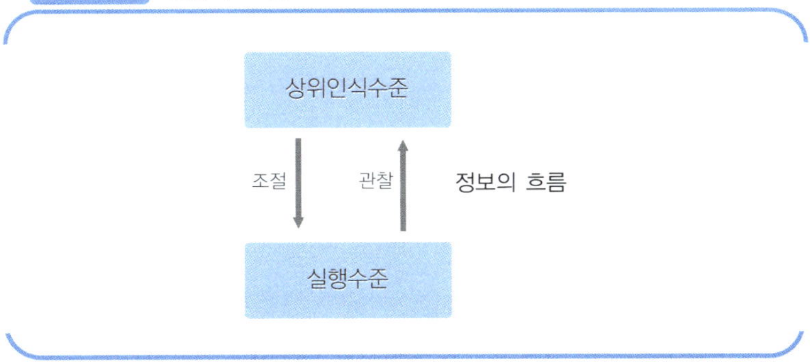

자료: Nelson & Narens(1990), Son & Schwartz(2002: 1) 참조 재구성.

효과적 학습을 위해 무엇을 관찰하고 조절해야 할까? 쿨(Kuhl, 1985; 1987)은 목적성취를 향한 의지가 중심이 된다는 관점에서 자기조절학습자로서 관찰하고 조절해야 할 것으로 주의집중, 정보수용(encoding), 정서, 동기, 학습 환경, 인지를 들었다(Rheinberg 등, 2000: 517 재인용). 여기에 학습행동을 추가한 7가지가 자기조절학습을 위한 관찰과 조절의 대상이다.

① **주의조절**: 학습에 있어서 주의집중은 매우 중요하다. 학습의도를 실행하기 위해 필요한 주의가 장해물에 의해 분산되지 않고 지속적으로 관련 주제와 정보의 처리에 집중할 수 있도록 자신의 주의를 살피고 조절한다.

② **정보수용 조절**: 학습은 적절한 정보의 취사선택과 연결에 의해 이루어진다. 오감을 통해 들어오는 많은 정보 중에 학습의도에 적합한 정보를 찾아내 선택하고 의미를 부여하는 정보수용 과정을 관찰하고 조절해야 한다.

③ **정서조절**: 정서의 불안정은 효과적으로 학습의도를 관철하여 학습하는 것을 방해한다. 정서의 흐름을 관찰하고 조절한다.

④ **동기조절**: 새로운 지식과 기술을 습득하고자 하는 노력을 중요시하고 내재적 가치를 중시하며(내재적 동기) 의도한 것을 스스로 성취하는 보람(성취동기)과 자기효능감을 관찰하고 조절한다. 자기조절 활동과정과 동기를 긴밀하게 연결하여 양자가 서로 보강 작용을 하도록 관찰하고 조절한다.

⑤ **환경조절**: 동기와 정서에 영향을 미치는 환경을 관찰, 통제, 조절한다.

⑥ **인지조절**: 인지조절은 반복연습, 정교화, 체계화 등과 같은 인지전략과 계획, 실행, 평가 등 초인지전략을 활용하여 목표하는 학습을 향한 인지활동을 관찰하고 조절한다.

⑦ **행동조절**: 어려움에 부딪혀도 포기하지 않고 학습을 지속하며, 효과적으로 학습시간을 이용, 조절하고, 자신의 힘으로 해결하기 어려울 때는 적절한 사람에게 도움을 구하는 등의 활동을 하는 것이다.

자신의 학습 중 정서와 동기를 바라보고 학습행동을 관찰하려면 의도적인 노력과 시간이 필요하다. 그리고 끈기와 연습이 필요하다. 가끔 멈추고 실행했던 학습활동을 성찰한다. 슈타이너(2004)는 자기조절 학습 활동에 대한 관찰은 큰 정원을 걸어 지나가는 것과 같아서 본 것, 생각한 것, 새로운 아이디어를 수확해 거두어들이지 않으면 추수할 것이 없다고 하였다. 자기조절학습 과정을 관찰할 때는 스스로 학습하고 있는 자신에 대해 호기심을 가지고 개방적으로 다가가야 한다. 자신의 약점에 대해 방어하려 하지 말고 솔직하고 개방적으로 선입견 없이 관찰한다(슈타이너, 2004).

3.4 평가

학습의 결과를 평가한다. 목표가 기말시험이었으면 기말시험으로 평가하고, 발표였으면 발표에 대한 청중의 반응으로 평가한다. 구체적으로 측정가능하게 행위 중심적으로, 현실적이며 시간을 명시하여 설정된 SMART 학습 목표가 평가의 준거가 된다. 평가 결과가 확정되면, 다시 학습과정 전체를 성찰하여 자신을 더 깊이 이해하고 학습하는 방법을 개선한다.

4. 종합 정리

본 장에서는 평생학습자에게 필요한 기본적 학습방법의 학습, 인지와 초인지, 자기조절학습의 계획과 실행에 대하여 살펴보았다. 제1절에서는 지식 증가의 속도가 빨라지고 있는 평생학습사회에서는 단순한 사실의 학습보다 학습하는 방법의 학습이 중요하게 되었다는 논제를 기반으로 학습하는 방법의 학습의 개념을 설명하였다. 그리고 학습하는 방법을 학습하려는 대학생에게 실용적인 지침을 제공하는 자기조절학습의 이론과 실용적 모형을 소개하였다.

제2절에서는 자기조절학습을 위해 필요한 기초개념으로 인지와 초인지란 무엇인가 살펴보았다. 인지란 "행위자에 의한 지식의 생성과 활용에 관련되는 전체 활동"으로서 감각, 지각, 주의, 형태재인, 학습, 기억, 문제해결 등이 있다. 초인지란 인지활동을 알고 조절하는 인지활동을 말한다. 초인지 활동은 학습활동을 조절하여 학습의 성공 가능성을 높이고, 생각하는 과정을 조절하여 어떤 생각에 집중하게 하고 깊이 있는 사고를 가능하게도 한다. 초인지는 인지행위를 선택하고 조절

하는 활동이라는 의미에서 인지전략과 같은 뜻으로 사용된다. 초인지 전략이라는 말도 있는데 이는 인지전략의 선택과 조절을 위한 전략이라고 할 수 있다.

제3절에서는 인지전략을 적용한 자기조절학습에 대하여 설명하였다. GAME이라는 자기조절학습 모형은 목표설정 및 계획수립, 학습활동의 실행, 관찰과 성찰, 평가 등 4단계로 진행된다. 학습목표는 장기적이고 능동적으로 학습맥락을 정의하고 구체적으로 SMART 원리에 따라 목표를 수립하는 것이 좋다. 학습의 실행은 의도를 정하고 선지식을 활성화하는 준비단계, 습득한 정보를 축약하고 체계화, 정교화하는 학습단계, 외우고 복습하고 재생하는 암기단계로 추진한다. 관찰과 성찰 단계에서는 주의조절, 정보수용조절, 정서조절, 동기조절, 환경조절, 인지조절, 행동조절 등 7가지 활동을 관찰, 성찰하여 조절한다. 평가단계에서는 목표를 기반으로 계획과 학습 성과를 돌아보고 학습하는 방법 전체를 평가하고 수정 보완하는 활동을 수행한다.

제4장

기업인적자원개발의 체계

학습목표

1. 기업 조직의 인적자원개발부서의 조직내 위상과 그 부서가 수행하는 과업이 무엇인지 설명할 수 있다.
2. 기업에서 개인을 대상으로 이루어지는 훈련과 개발의 의미를 신입사원의 경우와 재직자의 경우 어떤 훈련과 개발들이 있는지 예를 들어 설명할 수 있다.
3. 기업의 관점에서 경력개발의 유형, 목적과 과정을 설명하고 성공적인 경력개발을 위한 기업과 개인의 관계를 설명할 수 있다.
4. 조직개발의 개념과 과정, 조직개발의 구심점인 변화촉진자의 역할을 설명할 수 있다.

제4장

기업인적자원개발의 체계

기업은 고객의 욕구를 충족시킬 수 있는 물품이나 서비스의 생산과 판매 등의 활동을 계속적으로 행하는 조직이다. 기업 활동을 계속하기 위해서는 지속적으로 고객을 창출해야 한다(피터 드러커, 2006). 기업이 인적자원개발에 투자하는 이유도 궁극적으로 고객에게 가치 있고 필요한 것을 창출해 내기 위해서이다. 니콜라스 버틀러[1]는 "기업은 근대 최고의 발명품"이라고 하였다.

지식기반경제에서 새로운 고객을 확보하기 위한 기업의 경쟁 상황은 기술발전, 세계화, 정보화 등으로 더욱 광범위해지고 예측하기 어렵게 되어가고 있다. 변화하는 고객의 요구와 취향을 파악하고, 새로운 수요를 예측하며, 적절히 대응하기 위해 기업조직은 지속적으로 학습하고 새로운 지식을 창출하며 변화한다. 기업조직이 학습하고 새로운

1) 기업은 근대 최고의 발명품(The limited liability corporation is the greatest single invention of modern times)이라고 말한 사람은 미국 콜롬비아 대학 총장을 역임한 철학자 Nicholas Murray Butler(1862–1947). http://www.azquotes.com/quote/1342774 참조.

지식을 창출한다는 것은 기업 구성원 개인들이 조직을 둘러싸고 있는 환경의 변화를 민감하게 수용하고 끊임없이 배우고 학습하는 것(Senge, 1991; 김인수, 2001)을 의미한다. 조직구성원들의 직무는 갈수록 복잡해지고 의사결정의 어려움은 날로 증가하고, 업무 전문성의 요구도 증가한다. 비즈니스 프로세스 자체가 투명하거나 규칙적이지 않기 때문에 단순히 교육 내용이나 정보를 전달하는 것만으로 업무성과를 높일 수 없다. 기업은 비용을 절감하면서도 생산성을 증가시킬 수 있는 새로운 방법으로 조직 프로세스를 변혁시킬 수 있는 리더십을 원한다(Austin, 2009). 지식이 경쟁력의 기반이 되는 경제에서 구성원과 조직의 지식을 축적하고 또 생산하는 인적자원개발은 매우 중요하게 되었다.

1. 인적자원개발 부서의 조직 내 위상과 과업

규모가 큰 기업에서는 인적자원개발 부서가 인적자원관리 부서와 분리되어 있으나 많은 경우 기업의 인적자원개발은 인적자원관리 부서의 하위 영역으로 통합되어 있다. 인적자원관리란 직원을 효과적으로 선발, 배치하여 조직의 경영 목적을 성취하고, 나아가 고객의 요구와 조직 구성원의 요구 충족에 기여하는 것이다. 이를 위해 인적자원관리 부서가 수행하는 업무는 인적자원의 기획, 직원의 선발과 채용, 배치, 보상 및 상여, 노사관계의 관리, 직원의 건강, 위생과 안전관리, 조직 및 직무설계, 성과관리 및 성과평가, 그리고 인적자원의 개발 등이다. 기업에서 인적자원개발 부문의 주요 과업은 훈련과 개발(Training & Development, T&D), 경력개발(Career Development, CD), 그리고 조직개발(Organizational Development, OD)이다.

훈련과 개발이란 개인의 지식, 기술, 그리고 태도의 변화에 중점을 두는 활동이다. 개인의 훈련과 개발은 신입사원의 오리엔테이션을 위한 집체교육이나 재직자의 현장훈련(OJT) 등에서 찾아볼 수 있다. 여기에서 훈련(訓練)이란 특정 직무나 현재 업무와 관련된 지식, 기술과 태도를 습득하고 익혀서 일정 숙련수준에 도달하게 함으로써 성과를 개선하는 것을 목적으로 한다. 새로 도입된 장비의 운전방법 익히기, CAD 프로그램 익히기, 전화로 고객을 응대하기와 같은 것이 훈련 대상이다. 개발(開發)이란 훈련과 달리 현재 하고 있는 업무 수행 역량을 증진하지만, 장기적으로 미래에 담당하게 될 업무를 준비하기 위해 잠재된 능력을 육성하고 증강하는 활동을 말한다. 의사소통역량 강화 프로그램, 리더십 개발 프로그램, 문제해결능력 개발 프로그램 등은 지금 당장 활용되지 않을 수도 있으나, 배워두고 알아두면 언젠가 부딪히게 될 미지의 상황에 적절하게 대처할 수 있을 것이라는 기대로 제공되는 능력개발 프로그램이다(Nadler, 1979: 89). 기업이 구성원 개개인의 직무능력을 증진하기 위하여 실시하는 훈련과 개발에는 공식적 활동과 비공식적 활동이 있다. 기업내에서 이루어진 개개인의 학습경험 축적 경로를 분석해보면 비공식적인 현장훈련(OJT)이 가장 큰 비중을 차지한다(Gilley, Eggland & Gilley, 2010).

경력개발이란 기업의 관점에서 볼 때 구성원 개인이 기업에 더욱 가치 있는 사람이 될 수 있도록 장기적인 성장 목표를 설정하고, 그 목표와 관련된 다양한 직무경험을 쌓게 하고, 필요한 교육이나 훈련프로그램을 제공하며, 역량을 확장하고 조직과 일체감을 키워나갈 수 있도록 하는 지속적인 활동이다. 조직차원에서 미래를 위한 핵심인재 육성계획이나 승계 계획 등을 수립하고 이와 관련하여 개인의 경력계획을 지원하고, 직무 순환이나 배치에 반영하며, 지속적인 능력 평가와 피드백으로 직원의 경력 성장을 지원하고 관리하는 활동이다. 경력개발은, 개인의 관점에서 보면, 자신의 미래 경력을 계획하고 상급자나 상담자 등의 도움을 받으며 스스로 노력하여 성취해가는 활동이다. 성공적인 경력개발을 위해서는 기업과 개인 사이에 상호 신뢰가 있어야 하고 양측이 서로 목표를 공유하고 노력을 투입해야 한다.

조직개발의 목적은 조직의 자기갱신 능력의 신장과 경쟁력 제고에 있다. 조직이 변화하는 과정을 레빈(Kurt Lewin, 1947)은 해빙(unfreezing)-전환(change or transfer)-재결빙(refreezing)의 단계로 보았다. 조직개발은 조직이 내부 혹은 외부 컨설턴트의 도움을 받으며 스스로를 진단하여 조직의 강점과 약점을 발견하고 조직을 변화시키는 데 필요한 자원을 투입하고 평가하는 과정으로 전개된다. 조직개발 참여자들은 조직성과문제와 조직의 비효율성이 무엇에 의해 어떻게 발생하는지 진단하여 새롭고 창조적인 해결방안을 만드는 데 초점을 맞춘다. 환경이 가져온 기회와 위기의 인식, 조직문화, 구조, 과정, 사명, 정책과 절차, 경영관행, 전략, 그리고 리더십이 한 방향으로 정렬되어 있는지를 검토하고 개선한다. 조직개발은 조직구성원과 변화촉진자(HRD 전문가)가 서로 협력하며 변화하는 환경을 지각하고 그에 따른 내적 혁신과제를 도출하며 스스로 갱신해 가는 과정이다(Gilley, Eggland & Gilley, 2010).

요컨대 기업조직에서 실시되는 인적자원개발은 기업의 경영 목표를 달성하는데 중점을 둔다. 인적자원개발 부문은 기업의 성과창출이라는 경영목표를 중심으로 인적자원관리(HRM) 부문이나 생산부문과 긴밀하게 연계되어 있어야 하며 기업경영의 전략적 파트너가 되어야 한다.

2. 개인의 훈련과 개발(T&D)

기업이 일반적으로 새로 채용한 직원에게 처음 제공하는 훈련과 개발은 신입직원에 대한 오리엔테이션이다. 기업이 제공하는 오리엔테이션 과정은 기업에 따라, 대상자의 직무나 직급에 따라 다르지만 일반적으로 기업조직의 가치와 비전, 조직체계와 기능, 부서별 업무 등을 전달하는 기업입문교육과 문서작성능력, 전략적 사고능력, 문제해결기법 등 기초직무능력의 교육으로 이루어진다.

신입직원에 대한 오리엔테이션은 인적자원개발 부서 혹은 담당자가 계획하고 조직하여 실행한다. 예를 들어 대기업의 신입사원교육은 기업에 따라 2주-8주간의 그룹공통교육, 각 계열사별 교육, 부서배치 후의 현장훈련(OJT) 등으로 이루어진다. 그룹공통교육의 목표는 '원석을 보석으로', '조기전력화' 등 각 기업이 추구하는 가치와 비전을 공유하는 데 있다. 이것은 조직에 대한 소속감과 조직이 추구하는 가치를 공유해야만 실무에 투입됐을 때 쉽게 적응할 수 있기 때문이다. 예를 들어 H사는 신입사원 교육 기간 중 올바른 역사관을 확립시키는 데 많은 시간을 할애한다. 교육 프로그램에는 조를 편성하여 정치, 경제, 사회, 문화 분야를 나누고 조원들이 협의하여 고대-근현대를 아우르는 역사적 주제를 직접 선정한 뒤 경쟁 프레젠테이션(PT)을 진행하기도 하며, 이순신, 근초고왕, 세종대왕, 안중근 등 역사적 위인을 뮤지컬과 군무, 합창, 인형극 형식으로 표현하는 활동도 있다. 이를 통해 기업은 신입사원들이 한국을 대표하는 기업의 구성원이라는 자부심과 한국인의 자긍심을 가지고 세계화에 대응할 수 있기를 기대하는 것이다(연합뉴스, 2014. 12. 15).

신입직원들은 오리엔테이션이 끝나면 각자 실무 부서로 배치된다.

실무 부서에서 바로 과업을 할당받아 수행하는 경우도 있지만, 일반적으로 선임자의 지도를 받으며 실무를 익히는 과정을 통과하는 경우가 많다. 이를 현장훈련(On the Job Training)이라 한다. 현장훈련은 형식성과 기간, 지도방법 등에 따라 다양하게 이루어진다. 현장훈련교사와 훈련내용, 목표, 방법, 기간 등을 지정하여 체계적으로 실시하는 현장훈련을 "체계적 현장훈련"이라 한다. 체계적 현장훈련에 대해서는 제6장에서 상세하게 다루기로 한다.

신입직원들이 입사 후 1년 안에 직장을 바꾸는 일이 아주 빈번하다는 통계가 보여주듯이[2] 학교생활을 마치고 직장생활을 시작한 신입사원은 새로운 과업과 문화에 적응하는 데 많은 어려움을 겪고 있다. 신입사원의 적응과정을 지켜보고 지지해주기 위한 제도로서 멘토링(mentoring)이 있다. 멘토링이란 그리스 고전서사시 일리아드와 오디세이에서 유래한 것이다. 핵심은 조력자인 멘토(mentor)가 조력을 받는 사람인 멘티(mentee)에게 일상적 직무에서 발생하는 여러 문제에 관하여 신뢰 관계를 기반으로 지도하고 조언하는 활동이다. 많은 기업들이 학교를 졸업하고 직장에 새로 입사한 신입사원들에게 경륜이 있는 선배를 연결해주어 멘토링을 지원한다. 기업이 하는 일은 입사 후 6개월에서 3년까지 신입사원이 조직의 일원이 되도록 직장 내 길잡이 역할을 할 수 있는 멘토를 짝지어주고, 식사나 공연 등 함께 대화할 수 있는 기회를 만드는 데 드는 비용을 지원하는 것이다. 선배 사원인 멘토는 후배인 신입사원에게 경험과 지식을 전달해 줄 뿐 아니라 대화 상대가 되어주고 문제를 지각하고 스스로 해결하도록 지지해주며 적응과정을 안내해 준다.

---

2) 교육통계서비스(https://kess.kedi.re.kr)에 따르면 2020년 2월 및 2019년 8월 고등교육기관 전체 졸업자중 조사기준일(2020년. 12. 31) 당시 직장보험가입 취업자 28만 4천 359명의 2021년 11월까지 12개월간 취업을 유지한 사람은 80.0% 로서 대졸취업자의 20%가 1년 이내에 퇴사함을 나타냄.

재직 중인 직원을 위한 훈련과 개발은 온라인 교육(On line education), 현장훈련(On the Job Training, OJT)과 집체훈련(Off the Job Training, Off JT) 등으로 이루어진다. 예를 들어 A기업은 연간교육계획을 보면 교육목표를 "구성원의 역량개발 및 수요자 중심의 교육프로그램 도입을 통한 구성원의 전문성 강화와 경쟁적 대외 환경 대응 역량 강화"로 설정하였다. 세부 추진목표로 개인별 경력개발 중심의 업무역량개발 지원, 온라인 교육을 통한 콘텐츠 접근 용이성 강화, 부서 단위 워크숍, 전 직원 워크숍 등을 통한 조직화합 분위기 조성 등으로 설정하였다. 직원들에게 제공되는 교육 프로그램은 리더십과 조직화합, 직무역량, 공통역량 등 3개 영역으로 구분된다. 집체훈련(Off JT)으로 실시되는 리더십과 조직화합 영역의 훈련과 개발은 임원, 부서장, 팀장, 차장-과장, 대리 등 직급에 따라 각기 다른 교육프로그램으로 실시된다. 예를 들어 차장-과장급을 위한 교육 프로그램으로는 창의적 문제해결 리더십 교육, 차세대 리더로서 조직관리 역량 강화, 전략적 커뮤니케이션, 조직 내 역할인식과 리더십스킬 등이 제공된다. 대리급에게는 조직가치 기반 리더십, 변화인식 및 효율적 업무수행 등이 있다. 직무교육 프로그램으로는 직무역량 심화과정, 보고서 작성, 핵심인재 양성, 기획경영, 조사 분석 등이 있다. 집체훈련(Off JT)을 위한 교수체제개발에 대해서는 제5장에서, 현장훈련에 대해서는 제6장에서 상세하게 다루고 있다.

3. 경력개발(CD)

경력이란 개인의 일이나 직업과 관련된 제반 활동, 경험, 행동의 총체를 말한다. 일 경험의 역사이며 인생여정이기도 하다. 경력개발은 미래의 업무를 위한 개인의 흥미, 가치, 역량, 활동 그리고 과업을 파악하고 장기적 전망과 계획을 세우고 개인의 역량을 개발하는 활동이다. 경력개발은 조직 활동이면서 동시에 개인 활동이다. 조직 차원에서 실행하는 경력개발은 개인의 경력계획을 지원하고, 사내공모제도(내부노동시장), 경력개발을 위한 멘토링, 경력지원센터의 개발과 유지, 경력상담자로서 관리자의 활용, 경력개발 워크숍과 세미나 개최, 인적자원계획, 수행평가 그리고 경력인식 프로그램, 지속적인 능력 평가와 피드백 주기로 직원의 경력을 관리하는 활동이다. 조직차원의 경력개발은 개인이 경력개발을 위해 자신의 적성과 소질에 대한 경력인식, 경력개발 계획이 함께 실행되어야 성취될 수 있다.

개인은 이직이나 전직을 고려할 때, 자기개발의 필요성을 느낄 때, 고용불안으로 스트레스를 받을 때, 인사이동 시 부서 업무를 전환할 때, 연봉협상 시즌이 다가올 때 경력개발의 필요성을 느끼게 된다. 개인차원의 경력개발은 조직구성원으로서 지속적으로 고용관계를 유지한다는 전제 하에 미래 경력 발전을 위한 자신의 역량과 경력개발 희망을 진단하는 데서 시작된다. 자신이 잘하는 것이 무엇인지, 보완해야 할 것이 무엇인지 인식하는 것이 필요하다. 장점은 키우고 단점을 극복하기 위한 목표를 구체적으로 기술하고 목표 달성을 위한 계획을 수립하고 실행하며, 자신만의 지적자산을 찾아 키우고 자신의 브랜드 가치를 향상시키기 위한 노력을 기울이게 된다.

평생직장이 존재하지 않는 현실에 직면하여 최근 개인주도적 경력개발의 개념이 대두하고 있다. 개인주도적 경력개발의 관점에서는 스스로 자신의 진로를 개척하고 경력을 개발하여, 자신이 스스로 자신의 일하는 삶의 주인이 되는 것이 중요하다. 외부 환경의 변화에 일희일비하지 않고 자신의 주관적 가치를 기준으로 삶과 통합된 일을 발굴하여 그 일을 통해 자기실현을 추구하는 것이다. 개인주도적 경력개발 관점의 선구자라고 할 수 있는 홀(Hall, 1996)은 개인의 주관적 가치와 성공기준을 기초로 자신의 경력을 자기주도적으로 형성, 개발하는 것을 프로틴 경력(Protean Career)라고 명명하였다. 프로틴이란 그리스 신화의 바다의 신 '프로테우스'에서 유래하였다. 프로테우스가 자신이 원하는 대로 자유자재로 모습을 변화하여 나타났던 것에 비유하여 상황변화에 탄력적으로 대응할 수 있는 경력개발 스타일을 '프로틴 경력'이라고 칭하게 된 것이다. 프로틴 경력이란 조직이 아니라 개인이 자신의 경력개발의 주체가 되는 것을 말한다. 조직 내의 승진보다는 심리적 성공이 목표이다. 개인의 경력개발 관리 대상은 자신의 교육, 훈련, 직장경험, 여러 직무경험 등을 포괄한다. 자기 자신의 경력선택과 자기실현을 추구하는 프로틴 인은 자신의 삶을 통합하는 것을 중시한다. 성공의 지표는 외부에 존재하지 않고 내적, 심리적 성공에 있다. 경력개발은 계속적 자기주도적 학습과 관계 지향적, 도전적 과업을 통해 이루어진다. 형식교육, 재교육이나 승진이 꼭 필요한 것은 아니다. 조직은 도전적인 과업을 부과하고 발달과 성숙 지향적 관계와 정보를 제공한다(Hall, 1996; 박세현, 2015).

기업차원에서 실행하는 경력개발 활동 중에는 직렬과 직군에 따른 성장 로드맵 제시하기, 핵심인재 개발하기, 승계계획 등이 있다. 성장 로드맵 제시하기란 개인의 업무역량과 경력목표에 따른 직렬 혹은 직군별 성장경로를 제시하고 다양한 업무경험과 직무수준별 기술교육을 통하여 해당분야의 전문가로 성장할 수 있게 지원하는 것이다. 예를 들면 A사에서는 구성원이 사내에서 지속적으로 성장하고 역량을 발휘할 수 있도록 직렬별 성장경로를 설정하고, 직무/성장 단계별 역량개발(일 또는 학습) 측면에서 경력개발프로그램(CDP)을 지원한다. 기술직무 입문자는 초보자에서 특정분야 전문가(specialist)로, 나아가 기술직무전문가(expert)로 성장할 수 있으며, 일반경영분야 입문자는 초보자에서 관리자(manager) 단계를 거쳐 책임 관리자(senior manager), 비즈니스 리더로 성장할 수 있다. 직원 개인은 매년 자신의 경력개발계획 초안을 작성하여 상급자와 면담하고, 경력개발계획을 확정한 다음 실행한다. 경력개발은 일과 학습을 통해 실행된다. 일을 통한 경력개발은 직무, 업무, 부서별 순환근무 등 다양한 업무경험을 축적하고 성찰하며 성장하는 것을 말한다. 학습을 통한 경력개발은 성장하여 향후 담당하게 될 직무 혹은 이동하여 담당하게 될 직무에 필요한 지식과 기술 역량을 공식, 비공식 교육으로 습득하게 하는 것이다.

기술직을 대상으로 시행되는 기술전문직제도는 직무별로 우수 기술력을 보유한 기술전문위원을 선발하여 그에 맞는 승진, 보상을 제공한다. 각 부서에서 우수기술인재로 추천이 되면 기술역량진단 및 선발심사를 통해 기술전문위원 자격을 부여받게 된다. 정보보호전문가, 품질관리전문가, 프로젝트 매니저 등의 역할을 수행하는 기술전문위원에는 경력과 전문성 수준에 따라 선임위원, 책임위원, 수석위원 등의 등급이 있다. 기술전문위원을 갖춘 우수 기술인재에게는 발탁승진이나 추가적인 보상을 지급하고, 국내외 학회, 협회 등의 참가 기회를 제공하여 기술전문가로 성장할 수 있게 지원한다. 또한 정기적인 사내 기술세미나나 직무교육에서 후배를 양성하고 기술코칭을 수행하는 등 기술노하우를 전수하여 조직의 기술경쟁력 강화에 기여할 수도 있다.[3)]

불확정적인 미래에 대비하기 위해 고심하는 많은 기업이 조직의 미래를 이끌어갈 핵심인재를 선정하여 육성하는 핵심인재개발제도를 시행하고 있다. 핵심인재란 전문적인 업무능력과 열정을 겸비하고 있으면서 조직의 혁신을 주도할 수 있는 우수인재이다(민주홍, 2007). 세계화, 지식정보화, 기술변화 등 급격하게 변화하는 경영환경에 당면한 기업들은 높은 수준의 지식과 기술뿐 아니라 열정과 의지를 겸비한 혁

3) http://www.cjsystems.co.kr/Recruit/roadmap_specialist.aspx.

신인재의 확보와 유지에 높은 관심을 가지고 있다. 기업은 주어진 과업의 수행보다는 기존의 틀을 넘어서는 전략적 통찰과 추진력, 단기적 활용가능성보다 조직변화를 주도하고 기업의 미래 수익원천을 창출해 낼 수 있는 잠재력 등을 준거로 핵심인재를 발굴하고자 한다(삼성경제연구소, 2002: 3). 예를 들어 제너럴일렉트릭사(GE)의 경우 불확실한 경영환경에 대처하기 위해 필요한 리더십을 열정과 에너지, 동기부여능력, 집중력과 결단력, 실행력 그리고 도덕성 등으로 정의하고, 이 준거에 의해 기업의 미래를 이끌고 갈 핵심인재를 발굴 육성하였다. 삼성경제연구소는 핵심인재의 조건으로 향후 회사의 미래를 이끌어갈 새로운 사업을 주도할 수 있는 전문능력, 관행과 고정관념을 혁파하고 변화와 혁신을 주도할 수 있는 변화주도력, 투철한 가치관과 도덕성, 다른 인재를 알아보고 키우는 사람다움과 인간미를 제시하였다(삼성경제연구소, 2002: 7-10). 핵심인재가 회사를 떠나지 않고 계속 근무하도록 시행하는 제도로 핵심인력풀의 별도관리, 체계적인 교육훈련, 도전적인 직무에 배치하기, 핵심인력에 대한 인센티브지급, 경영진의 특별한 관심과 배려 등이 있다.

승계계획(Succession Plan)은 인적자원의 전략적 중요성을 반영한 새로운 인력개발 프로그램으로서 기업의 미래 운명을 짊어지고 나갈 능력 있는 경영자를 양성하기 위한 경력개발 프로그램이다. 미래 경영자로서 잠재적 역량을 지닌 사람을 선발하여 이들의 역량을 개발, 육성하는 일련의 과정이다. 승계계획이 없으면 창업자-후계자간의 갑작스런 승계로 인한 권력이동의 지각변동, 후계자 간의 갈등, 상속문제 등으로 매우 큰 어려움에 직면할 수 있다. 핵심인력 양성은 조직 전 계층을 대상으로 능력 있는 인력을 체계적으로 관리하는 것인데 반해 승계계획은 조직의 핵심 포스트에 대한 중견 혹은 고급간부 중심의 인력개발 프로그램이다. 넓게 보면 승계계획도 핵심인력 관리의 한 형태라고 볼 수 있다.

글로벌 기업으로서 승계계획의 전통을 만들고 있는 기업으로 제너럴일렉트릭사(GE)가 있다. 6년간의 선발과정을 통해 GE의 최고경영자(CEO)가 된 잭 웰치는 1981년부터 2001년까지 회장(Chairman)직과 최고 경영자(Chief Executive Officer)직을 역임했다. 그도 자신의 은퇴 이후 GE를 이끌어갈 후계자를 육성하기 위하여 1994년부터 6년 5개월간 승계계획 프로그램을 가동하였다. 1994년 CEO 후보군 육성프로그램이 수립되었으며, 이사회 부속의 경영개발보상위원회가 24명의 후보자를 선발하였다. 이들은 집단면접과 몇 차례의 심층인터뷰 및 비공식 면접 등을 거쳐 8명으로 압축되었고, 다시 직무순환을 통해 실제 경영능력 평가를 거쳐 최종적으로 3명의 후보가가 선정되었다. 업적 검증과 CEO 인터뷰 과정에서 상대적으로 젊고 높은 성장가능성을 인정받은 이멜트가 GE의 미래를 이끌어갈 CEO로 발탁되었다(임효창, 2005).

4. 조직개발(OD)

조직도 살아있는 생물과 같이 환경변화를 지각하고 그에 적합하게 스스로를 변화해 나가는 자기갱신 능력이 있어야 살아남을 수 있다. 조직의 자기갱신은 스스로를 진단하여 새로운 환경 속에서 자신이 지닌 문제점과 약점을 발견하고, 환경이 부여하는 위기와 기회를 파악하며, 조직의 강점을 더욱 강하게 하여 기회를 최대한 활용하거나 약점을 보강하여 위기를 넘기는 전략을 수립하고 필요한 자원을 올바르게 투입하는 과정으로 이루어진다. 조직개발의 핵심은 (1) 조직의 구조, 과정, 전략, 사람 그리고 문화 사이의 조화를 증진시키고, (2) 새롭고 창의적인 조직 해결책을 개발하며, (3) 조직의 자기갱신능력을 개발하는 것을 목적으로 조직차원에서 이루어지는 자료수집, 진단, 실행계획, 실천, 그리고 평가의 과정이다(Beer, 1983: 150). 조직개발의 전개 절차는 일반적으로 문제 확인, 관계수립, 진단, 해결책 탐색 및 실행, 피드백 또는 평가의 6단계로 구분할 수 있다(Gilley, Eggland & Gilley, 2010). 각 단계별 세부 활동내용은 다음과 같다.

① **문제확인**: 조직개발은 조직의 생산성, 사기, 태도 등에 영향을 미치는 문제나 요구가 존재한다는 것을 발견함으로써 시작된다(Nadler, 1998). 요구란 현재 상태와 이상적 상태 사이의 간격이다. 이 간격이 해결해야 할 문제다. 올바르게 문제를 정의하는 것이 성공적 조직개발을 위한 첫 단계다. "성공적인 변화를 위해서는 현재 처한 상황과 조직이 지금 어떻게 작동하고 있는지에 대한 면밀한 평가가 선행되어야 한다(Gilley, Eggland & Gilley, 2010)."

② **관계수립**: 변화촉진자는 먼저 경청, 관심, 이해의 표현을 통해 상호인정과 존중의 의사소통으로 신뢰관계를 조성한다. 조직개발 기업과 컨설턴트 사이에 서로의 역할과 기대를 명확하게 이해하고 누가 무엇을 결정할 것인지, 어떻게 그런 의사결정을 할 것인지 등 통제권에 대해 명확하게 합의한다. 초기에는 관리자와 컨설턴트 사이에 힘의 균형이 설정되어야 한다. 조직개발이 전개되는 방식이 컨설턴트중심인가 고객중심인가 아니면 공동참여형인가에 따라 의사결정의 우위가 결정된다. 일반적으로 컨설턴트중심모형에서는 컨설턴트가 주도권을 가진다. 고객중심모형에서는 고객 즉, 컨설팅을 받는 기업이 의사결정을 한다. 고객 기업은 컨설턴트에게 지식과 기술을 요구하고 그것을 어떻게 활용할지를 결정한다. 공유모형에서는 요구진단과 해결책창출 및 선택에 있어서 책임을 공유한다. 최고경영자가 최종거부권을 행사하는 경우를 제외하고 권력은 고객과 컨설턴트 그 누구에게도 편중되어 있지 않다(Lippit & Lippit, 1986).

③ **진단**: 자료수집에 착수하기 전에 이론적 준거를 바탕으로 조직의 체계와 개념, 변화방향, 조직설계에 대한 모형을 설정한다. 컨설턴트가 아니라 고객의 이익에 초점을 맞춘 변화방향의 설정이 중요하다(Gilley, Eggland & Gilley, 2003: 161). 조직의 모든 기능을 포괄하는 조직의 현재 상태에 대한 종합적 평가 대상, 평가방법 및 도구를 준비해야 한다. 조사방법은 인터뷰, 설문지, 관찰, 그리고 정책과 절차 매뉴얼, 직무기술서, 수행평가, 회사 운영기록 등의 문서분석 등이 있다.

④ **해결책 탐색 및 선택**: 변화촉진자는 문제의 정체와 원인을 규명하고 문제의 해결책을 탐색한다. 복수의 대안을 마련하고 그중 최적안을 선택한다.

⑤ **실행**: 문제해결을 위한 전략, 인적자원개발 프로그램, 학습활동, 기타 조직화된 활동 등을 실행한다. 이 때 최고경영진의 변화노력에 대한 적극적 참여와 지지가 요구된다. 해결책 실행과정을 관찰하고 점검하여 조정이 필요한지 결정한다. 직원들의 저항과 비협조 징후가 나타나면 이에 세심하고 주의 깊게 대응해야 한다.

⑥ **피드백 또는 평가**: 조직개발 활동의 평가방법에는 형성평가와 총괄평가가 있다(Conner, 1992; Gilley, Eggland & Gilley, 2003: 161). 총괄평가는 조직개발의 종합적 성과를 평가하고 그 과정을 지속할지, 아니면 종결할지를 결정하기 위한 평가이다. 형성평가는 프로그램 개선을 위한 피드백을 제공하고 수정방법을 선택하기 위한 평가이다. 조직개발 실행을 수정, 보완, 개선, 촉진, 즉 발전시키기 위한 평가이다.

조직개발을 이끌어가는 변화촉진자는 조직내부 구성원일 수도 있고 외부에서 초빙된 전문가일 수도 있다. 그는 조직개발과정을 촉진하는 촉매며, 문제해결자인 동시에 조직개발과정의 감독자라고 할 수 있다(Bruke, 1992; Gilley, Eggland & Gilley, 2003: 163). 내부구성원일 경우에는 전략가, 훈련가, 개척자의 역할이 강조되고, 외부 컨설턴트일 경우에는 구성원들에게 새로운 관점을 제시하고 그들의 시야를 넓히는 조언자, 상담가, 전문가, 해결사 등과 같은 역할이 강조된다. 조직개발의 구심점인 변화촉진자는 과업에 따라 전문위원회를 구성할 수도 있다. 조직개발과정을 촉진하는 과정에서 구성원들에게 의사소통, 역할과 기능, 문제해결과 의사결정, 집단 규범, 리더십과 권위, 그리고 집단간 경쟁과 협조 등에서 생기는 문제를 처리하는 행동방식 등에 대한 통찰력을 제공한다(Gilley, Eggland & Gilley, 2003: 161). 자료 조사결과를 해석하여 고객에게 제공함으로써 변화를 자극하고 변화방향과 방법을 선택하도록 지원한다. 실행단계에서는 구성원들이 조직개선을 위해 할 수 있는 활동들에 관한 정보를 제공하고 구성원들의 태도변화를 촉구하며 방어적 반응을 해결하는 것이다. 조직의 변화조짐이 발견되면 구성원들이 스스로 '현재상태'와 '이상적 상태'의 차이를 지각하고 그 차이를 좁히기 위해 할 수 있는 일이 무엇인지 찾아내어 실행하는 변화기법을 습득하고 숙달하게 한다. 상호간의 개인적 피드백, 경청, 리더십, 목표관리, 갈등해결, 집단역학 등을 교육한다. 변화촉진자에게는 대인관계능력, 개념화 능력, 그리고 조직개발 관련 전문능력이 필요하다.

5. 기업의 성과지원을 위한 전략적 인적자원개발

기업교육이 학교교육과 다른 것은 조직구성원들에게 자신의 업무에 바로 활용할 수 있는 실제 기술과 기능을 제공하고, 기업이 지속적으로 성장하는 데 필요한 미래역량을 준비하여 궁극적으로 조직의 성과를 향상시키는 데 기여하는 것이다. 인적자원개발담당자들은 조직의 성과에 관심을 가져야 함에도 불구하고 학습환경의 조성과 프로그램 진행에 더 큰 관심을 갖는 경향이 있다. 교육훈련 담당자들의 주된 관심은 어떻게 학습콘텐츠를 개발하고 강의실에서 이를 효과적으로 전달할 것인가에 있기 쉽다(최용범·최은수, 2010: 25). 조직성과를 중심으로 운영되는 전략적 인적자원개발은 다음과 같은 특징이 있다(Zenger, 1985; 최용범·최은수, 2010).

① 기업의 경영방침을 기반으로 교육훈련목표와 미션에 대한 명확한 비전을 제시한다. 조직의 전략과 미션, 목표가 무엇인지 알기 위하여 노력하며 조직전략에 부합하는 인적자원개발 전략을 수립한다. 경영자의 경영철학과 가치, 조직의 가치와 문화를 정의하고 구체화하여 조직 내에 공유 확산되도록 하는 일을 인적자원 개발 부서의 역할이라고 생각한다.

② 인적자원개발의 고객은 경영진, 관리자와 감독자, 그리고 모든 구성원이라고 인식하고 구성원들의 요구에 민감하게 대응한다.

③ 경영진과 관리자의 참여와 지원을 얻어낸다. 경영진이 교육의 시작과 종료 시점에 참여하여 학습자를 격려하게 한다. 교육 참가자의 관리자나 팀장이 부하직원의 교육에 관심을 갖고 교육을 잘 이수하고 있는지 체크하며, 교육 후에는 부하직원이 교육훈련을 통해 습득한 지식과 기술을 현업에 적용하도록 지원한다.

④ 효율적이고 주도적으로 HRD 부서를 운영하고 인적자원개발담당자 자신들이 가르치는 내용대로 먼저 조직생활의 모범을 보인다. 조직원들의 문의 전화에 친절히 응대하고, 교육비 처리 등 행정지원을 신속하고 정확하게 하며, 자신이 기획 운영한 교육 프로그램에 대한 투자수익성분석(ROI)을 책임지고 수행한다.

⑤ 인적자원개발이 조직성과를 지원하는 가장 효과적인 방법은 현업에서 실제업무를 수행하고 있는 조직원을 돕는 것이다. 교육 프로그램 개발 및 평가 시 교육내용과 방법의 실용성, 현업적용 가능성을 중시한다.

6. 종합 정리

본 장은 기업 인적자원개발의 체계를 인적자원개발 부서의 조직 내 위상과 기능, 개인의 훈련과 개발, 경력개발, 조직개발, 그리고 기업의 성과 지원을 위한 인적자원개발을 고찰하였다. 제1절은 인적자원개발 부서의 조직 내 위상과 기능을 설명하였다. 많은 경우 기업의 인적자원개발은 직원의 채용, 배치, 보상, 활용 등을 주로 수행하는 인적자원관리 부서의 하위 영역으로 통합되어 있다. 기업에서 인적자원개발 부문의 책무는 기본적으로 훈련과 개발(Training & Development, T&D), 경력개발(Career Development, CD), 그리고 조직개발(Organizational Development, OD)로 구분된다. 본 장에서는 기업 내 인적자원개발의 세 가지 기능을 살펴보았다.

제2절은 먼저 개인의 훈련과 개발을 설명하였다. 장비 운전이나 컴퓨터 프로그램의 숙달 등 훈련(訓練)이란 특정 직무나 현재업무와 관련된 지식, 기술과 태도를 습득하고 익혀서 일정수준에 도달하게 함으로써 성과를 개선하는 것을 목적으로 한다. 능력의 개발(開發)이란 의사소통능력 개발 프로그램, 리더십 개발 프로그램 등 훈련과 달리 현재 하고 있는 업무 수행 역량을 증진하거나 장기적으로 미래에 담당하게 될 업무를 준비하기 위해 잠재된 능력을 육성하고 증강하는 활동을 말한다.

제3절은 경력개발을 설명하였다. 경력개발은 개인차원에서는 자신의 미래경력을 계획하고 상급자나 상담자 등의 도움을 받으며 스스로 노력하여 성취해가는 활동이며, 조직차원에서는 미래를 위한 핵심인재 육성이나 승계계획 등과 관련하여 개인의 경력계획을 지원하고, 직무순환이나 배치에 반영하며, 지속적인 능력 평가와 피드백 주기로 직원

의 경력을 관리하는 활동이다. 그러나 최근 대두하고 있는 개인주도적 경력개발의 관점에서는 스스로 자신의 진로를 개척하고 경력을 개발하여, 자신이 스스로 자신의 일하는 삶의 주인이 되는 것이 중요하다고 본다. 외부 환경의 변화에 일희일비하지 않고 자신의 주관적 가치를 기준으로 삶과 통합된 일을 발굴하여 그 일을 통해 자기실현을 추구하자는 것이다. 그 밖에 핵심인재 제도, 승계계획 등도 넓은 의미의 경력개발에 포함된다.

제4절에서는 조직개발을 설명하였다. 조직의 자기갱신능력과 경쟁력 제고를 위해 실시되는 조직개발은 조직이 내부 혹은 외부 컨설턴트의 도움을 받으며 스스로를 진단하여 조직의 문제점과 약점을 발견하고 조직을 변화시키는 데 필요한 자원을 올바르게 투입하는 과정으로 전개된다. 체계적으로 말하자면 조직개발이란 (1) 조직의 구조, 과정, 전략, 사람 그리고 문화 사이의 조화를 증진시키고, (2) 새롭고 창의적인 조직 해결책을 개발하며, (3) 조직의 자기갱신능력을 개발하는 것을 목적으로 조직차원에서 이루어지는 자료수집, 진단, 실행계획, 실천, 그리고 평가의 과정이다(Beer, 1983:의 150). 일반적으로 조직개발은 문제 확인, 관계 수립, 진단, 해결책 탐색 및 실행, 피드백 또는 평가의 6단계로 이루어진다.

제5절은 조직성과를 중심으로 운영되는 전략적 인적자원개발의 특징을 살펴보았다. 그것은 교육훈련의 비전과 미션을 경영방침이나 전략과 연계하고, 경영진과 관리자 등 인적자원개발의 고객을 명확히 정의하며, 그들의 지원을 얻어내고, 효율적, 주도적으로 인적자원개발 부서를 운영하고 교육프로그램이 현업 개선에 어떤 효과를 가져왔는지 평가하는 것이다.

제5장

교수체제개발 모형에 따른 교육훈련 프로그램 개발

학습목표

1. 교수체제개발의 개념과 ADDIE 모형의 분석, 설계, 개발, 실행 및 평가의 5단계를 설명할 수 있다.
2. 기업의 성과를 산출하는데 필요한 인적자원개발요구의 분석 범위와 분석 방법을 설명할 수 있다.
3. 분석결과를 바탕으로 학습목표를 기술하고 평가준거를 개발하며 학습지도계획을 수립하는 등 교육훈련 프로그램 설계 과정을 설명할 수 있다.
4. 개발의 대상인 프로그램 안내, 교재 및 작업지침서 등의 개념을 설명할 수 있다.
5. 성인학습의 원리를 기반으로 수업방법을 선택하고 전개하는 방법을 설명할 수 있다.
6. 반응 평가, 학습성취도 평가, 직무적용 평가, 성과 평가를 구분하여 설명할 수 있다.

제5장

교수체제개발 모형에 따른 교육훈련 프로그램 개발

교육과 훈련은 지식, 기술, 태도의 변화를 기대하며 의도적이고 체계적으로 이루어지는 교수-학습활동이다. 사전에 계획을 수립하여 체계적으로 교육을 실시해야 한다는 요구는 학교교육 부문에서나 기업교육에서나 마찬가지다. 다만 기업이 실시하는 교육훈련은 기업 조직 자체의 목적이 강조되며, 조직이 추구하는 경영성과에 긍정적인 효과를 가져올 수 있어야만 교육훈련 투자가 정당성을 가지게 된다. 어떻게 하면 교육과 훈련을 기업의 경영성과와 연결시킬 수 있을까? 경영진으로부터 교육 요청을 받은 인적자원개발 담당자는 스스로 교육훈련 프로그램을 개발하지만 때때로 다른 기업들이 하고 있는 교육훈련 내용과 방법을 벤치마킹하기도 하고, 외부에서 전문가를 초빙하여 교육을 실시하기도 한다. 어떻게 하는 것이 가장 적절한 방법일까? 교육훈련 프로그램 개발 모형에는 교수자의 교수행동중심 프로그램 개발, 학습자중심 프로그램 개발, 성과중심 프로그램 개발 등 다양한 모형이

그림 5-1 교수체제개발(ISD) 모형과 각 단계별 활동

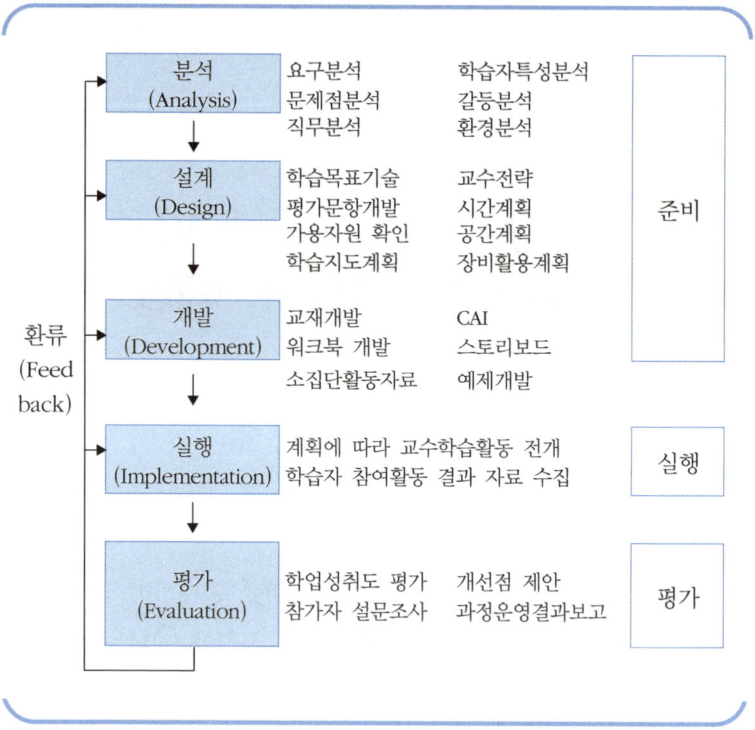

있다. 본장에서는 성과중심 모형인 교수체제개발(Instructional Systems Development: ISD)의 절차와 각 절차별 활동에 대하여 살펴보고자 한다([그림 5-1] 참조).

교수체제개발 모형은 1960년대 말 미군에 의해 개발되었으며, 대규모 인력수요에 대처하기 위해 어느 분야에서나 활용될 수 있고, 지속적으로 사용될 수 있는 프로그램 개발에 적합한 표준화된 모델이다. 교수체제개발의 절차는 분석(analysis), 설계(design), 개발(developemnt), 실행(implementation), 평가(evaluation) 순서로 나열된다. 이 절차의 영문머리글자를 모아 ADDIE 모형이라고도 한다. 이 모형의 강점은 각

절차별 활동 과업을 체계적으로 제시하고 있다는 점이다.

먼저 교육 준비에 필요한 분석, 설계, 개발 단계가 있다. 분석단계는 조직이 의도하는 성과를 산출하는 데 관련된 인적자원의 부족한 점이 무엇인가를 찾아내는 일이다. 설계단계는 분석결과를 바탕으로 학습목표를 기술하고 평가준거를 개발하며, 가용자원을 확인하고 학습지도계획 등을 수립하는 활동이다. 개발단계에서는 교육훈련에 활용할 각종 교재, 모형, 학습자용 워크북, PPT 자료, 예제, CAI, 역할극 등을 위한 스토리보드 등의 내용을 구성하고 개발한다.

준비가 끝나면 계획에 따른 실행이 이어진다. 실행단계에서는 계획에 따라 교수학습활동을 전개하며, 학습자 참여활동을 촉진하고, 학습자들이 산출한 결과 자료를 수집, 정리하는 등의 활동을 한다. 끝으로 평가단계에서는 학업성취도 평가, 참가자 설문조사, 개선점 제안, 과정운영 결과보고서 작성 등의 활동을 한다. 평가결과는 분석, 설계, 개발, 실행 등 전 과정에 환류된다. ADDIE 모형은 각 단계를 진행해 가면서 이전에 이루어진 의사결정이나 수행 절차에 대해 성찰하고, 개선하며, 최적 대안을 모색하기 위해 지속적으로 환류된다는 특징이 있다. 다음 절에서는 각 단계별 활동에 대해 구체적으로 살펴본다.

1. 분석

앞에서 언급한 바와 같이 분석단계는 조직이 의도하는 성과를 산출하는 데 관련된 인적자원의 부족한 점이 무엇인가를 찾아내는 일이다. 교육훈련프로그램이란 인적자원개발 부서가 산출해 내는 제품과 같다. 교육훈련프로그램의 질이 인적자원개발 업무의 질이라고 해도 과언이 아니다. 인적자원개발 프로그램에 대한 조직 내 신뢰도를 제고

하기 위해서는 교육훈련의 요구를 정확하게 파악하는 것이 필수적이다. 분석단계에서 인적자원개발 담당자의 주요업무는 성과상의 문제 또는 조직의 비효율을 초래할 가능성, 사람, 사건, 그리고 조건이 무엇인지를 검토하여 왜 훈련이나 컨설팅이 필요한지, 지금이 훈련을 실시하기에 적절한 시기인지를 규명해야 한다. 현 상태를 유지하는 데 초점을 맞추는 것이 아니라 조직의 성과를 제고하는 새롭고 개선된 방법을 끊임없이 찾아야 한다(Gilley, Eggland & Gilley, 2003).

분석은 사업부서나 경영진과 협의하고, 구체적 상황의 관찰 및 자료 분석을 통해 성과개선 영역을 확인하는 것으로부터 시작된다. 직무수행과정의 의사소통이나 정보흐름 등과 관련된 문제점 분석도 포함된다. 모든 성과문제가 교육훈련을 통해 해결될 수 있는 것은 아니다. 분석단계에서는 교육훈련을 통해 개선될 수 있는 것이 무엇인지, 교육훈련을 필요로 하는 구체적 요구가 무엇인지 찾아내야 한다.

분석의 범위는 요구분석, 성과결핍 원인분석, 직무분석, 학습자 특성분석 등이다. 요구분석은 인적자원의 지식, 기술, 태도가 이상적인 상태(예를 들면 고숙련자)와 현재 상태(예를 들면 신입사원)의 차이를 분석하는 것이다. 성과결핍 원인분석이란 목표하는 성과를 달성하지 못하는 구체적인 원인을 찾아내는 것이다. 성과결함에 영향을 미치는 조직문화와 풍토, 구조를 검토하는 데 역점을 둔다. 직무분석은 직원의 수행과업을 열거하고 각 과업을 수행하는 데 필요한 지식, 기술, 태도를 분석하는 것이다. 먼저 숙련자가 해당 과업을 수행하는 절차와 방법을 분석하여 교육훈련의 준거를 설정하고 이를 기준으로 교육훈련대상자의 역량을 진단 평가하여 교육훈련 요구를 찾아낸다. 기업이 숙련자의 과업수행 절차와 방법을 분석하여 표준화한 과업별로 직무매뉴얼, 직무지침서 등을 보유하고 있다면 이를 진단준거로 활용할 수도 있고 해당 직무의 "국가직무능력표준"(National Competence Standard)을 준용할 수도 있다. 학습자특성분석에서는 학습자의 현재 업무수행 수준진단, 학습활동 참여에 필요한 기초 학습능력, 컴퓨터 활용능력 등 기초역량 진단, 기타 자질과 태도 등에 대한 특성을 이해하고 학습자의 출발점 행동을 정의한다. 분석 단계가 성공적으로 완료되었다면 성과개선 영역 확인이 되었고, 이상적 수준과 현재수준 차이인 요구가 확인되었으며, 교육훈련참가자의 특성이 확인된 것을 의미한다. 요구분석이 끝났다는 것은 다음 질문에 대한 답을 얻었다는 것이다.

- 어느 부서, 어느 곳에 인적자원개발 프로그램이 필요한가?
- 어떤 종류의 훈련이나 인적자원개발 프로그램이 필요한가?
- 인적자원개발의 대상은 누구인가?
- 훈련을 실시하는 데 필요한 환경과 상황은 무엇인가?

분석은 성과개선을 위해 필요한 교육훈련의 목표가 무엇인가를 확인하는 것이다.

2. 설계

설계단계는 분석결과를 바탕으로 학습목표를 기술하고 평가준거를 개발하며, 가용자원을 확인하고 학습지도계획을 수립하는 활동이다. 여기에는 교수전략, 시간계획, 공간계획, 장비활용계획 등이 포함된다. 가용자원의 확인에는 시설이나 환경여건의 확인뿐 아니라 교육훈련을 실시할 교사를 내부 구성원 중에서 임명할 것인지 혹은 외부 전문가에게 위촉할 것인지를 결정하는 것도 포함된다. 교사를 지명한 다음 모든 분석 자료를 제공하고 교사 스스로 학습목표와 평가준거를 해석하여 학습지도계획을 수립하도록 한다.

교육훈련 목표의 정의

목표는 요구를 기반으로 정의된다. 목표란 조직의 요구충족을 위해 학습자들이 도착점에서 도달하게 될 지식, 기술, 태도 등의 변화결과를 검증 가능한 술어로 진술한 것을 말한다. 목표는 프로그램이 어느 방향으로 가야 하는지, 그 목표에 도달하였는지를 어떻게 알 수 있는지를 기술하는 것이다. 목표의 정의와 기술이 구체적이고 뚜렷할수록 교육훈련이 성과에 기여하였는지에 대한 정보를 쉽게 산출할 수 있기 때문에 성과중심 프로그램 개발에서는 목표의 정의가 매우 중요하다. 프로그램을 직접 개발하지 않고 외부전문가가 가지고 있는 것을 구입할 경우에는 외부 전문가의 제안을 받아 참고하여 작성한다(Werner & DeSimone, 2006: 166-167).

평가준거 및 도구

교육훈련 목표를 구체적이고 관찰 가능하도록 진술했다면 학습자들이 그 목표를 달성하였는지 여부를 평가할 준거와 도구를 개발하는 것은 어렵지 않다. 평가도구를 개발해 보면 구체적이고 관찰 가능한 술어로 목표를 진술해야 할 이유를 다시 확인할 수 있다. 그리고 교육훈련 목표가 평가도구와 결합되면 더욱 확실하게 성과지향적 교육훈련을 실행할 수 있다. 학습자들의 학습 성과를 측정하는 데는 지필검사, 역할극과 모의게임(simulation game), 현직 과업수행 관찰 등과 같은 방법을 활용할 수 있다. 지필검사는 지식 목표를 평가하는 데 강점이 있다. 그러나 지식의 적용이나 바람직한 태도의 습득 여부를 평가하는 데는 한계가 있다. 역할극과 모의 게임은 지식과 기술의 적용과 대인관계 능력, 의사소통능력, 경영능력, 리더십, 영업능력 등의 평가에 강점이 있다. 특히 쉽게 관찰할 수 없는 내적 태도와 자세 등을 관찰할 수 있게 해준다. 직무현장에 직접 투입하여 과업을 수행하는 상황을 관찰하는 것은 수기적인 기능이나 실용적인 지식의 활용 여부를 평가하기에 적합하다. 직무 상황 속에서 학습자가 보여주는 작업의 품질이나 속도 등의 개선 여부도 관찰할 수 있다. 단지 개인별로 관찰하고 평가해야 하기 때문에 비용이 많이 투입된다는 한계가 있다.

교육훈련활동 전개순서 계획

교육목표와 평가준거 및 도구가 준비되었으면 학습자들이 교육훈련 프로그램 이수 후 도달할 지식, 기술, 태도 등이 확정된 것이다. 이제 이 목표에 도달하기 위해 학습자들이 무엇을 어떤 순서로 경험하게 할 것인지 계획할 단계다. 이 단계에서는 인적자원개발 전문가와 현장 실무 전문가가 함께 협동하는 것이 좋다. 학습할 내용이 많지 않으면 전개순서 계획은 어렵지 않다. 그러나 학습해야 할 내용이 많으면 교육훈련활동 전개순서 계획은 매우 중요하다. 교육훈련활동의 순서를 정하는 데는 아래와 같은 여러 가지 방법이 있다(Molena, Pershing & Reigeluth, 1997: 276).

① 초보적 기술에서 시작해서 점차 높은 수준의 기술을 학습하기

② 어떤 과업수행의 시작 단계에서 시작하여 순서대로 마지막 단계까지 학습하기

③ 시간적 역사적 순서에 따라 어떤 지식의 초창기부터 현 단계에 이르기까지의 과정 학습하기

④ 단순한 것에서 시작하여 복잡한 것으로 나아가기

프로그램의 직접개발 혹은 외부위촉 결정

기업의 인적자원개발 담당자나 관리자는 프로그램의 목표를 검토하고, 이 프로그램을 직접 개발하고 내부전문가들을 통해 실행할 것인지 아니면 외부 전문가에게 위촉할 것인지 결정해야 한다. 외부전문가

에게 위촉할 경우 요구분석, 프로그램 설계 및 개발에 내부 직원이 참여할 수 있도록 지원해야 한다. 외부 전문가에게 위촉할 경우 해당 조직만을 위한 프로그램의 맞춤형 설계, 학습 보조자료(연습문제, 워크북, 컴퓨터 소프트웨어 비디오 등)의 제공, 종전에 설계된 프로그램의 발표, 훈련 프로그램 실행자 훈련 등을 함께 요구할 수 있다(Werner & DeSimone, 2006: 172-173). 프로그램 구입 시 프로그램을 제공하는 조직, 재료, 교재, 컨설팅 등 많은 것을 비교 검토하여 외부 전문가를 선택한다. 외부프로그램 구입 시 고려사항은 전문성, 시의 적절성, 훈련생 수, 주제, 비용, 조직과 부서의 규모 등이다. 업체 선발 시 고려사항은 비용, 신용, 배경, 경험, 철학, 교육방법, 내용, 실제 산출물, 성과, 지원, 제안 요청과의 부합도 등이다.

훈련교사의 임명

내부구성원 중에서 교육훈련을 담당할 훈련교사를 임명할 경우 훈련교사에게 요구되는 능력을 갖추고 있는지 검토해야 한다. 훈련교사는 훈련프로그램의 설계 개발에 필요한 다양한 지식과 기술, 훈련역량, 의사소통능력, 해당기술이나 지식에 대한 전문성 등이 필요하다. 전문성이 충분하지 않은 교사는 책이나 문헌에 의존하여 설명하고 시범을 보이지 못할 우려가 있다.

교수학습활동계획

설계과정은 시간계획, 공간계획, 장비활용계획 등이 포함된 교수학습활동 계획으로 종결된다. 이에 포함되어야 할 사항은 다음과 같다.

- 내용의 범위
- 활동 순서
- 매체의 선택과 설계
- 실험적, 경험적 연습의 개발

- 전체 시간 및 각 활동별 시간배정
- 교수방법의 선택
- 평가 문항의 수와 유형

3. 개발

개발단계에서는 교육훈련에 활용할 각종 안내서, 홍보자료, 교재, 작업지침서, 매뉴얼, 학습자용 워크북, 예제, CAI, 스토리보드 등을 개발한다. 이는 교육훈련 실행에 필요한 구체적인 산출물을 만들어 내는 과정이다.

프로그램 안내는 개설하고자 하는 프로그램의 의도와 주제 등 핵심적인 정보를 프로그램 개발 관계자, 참여대상자, 이해당사자 등에게 알리고 관심을 유발하기 위해 제작하는 것이다. 프로그램의 표적 집단, 목적, 시간, 장소, 주제 및 강사 등에 관해 간략하지만 흥미를 일으킬 수 있는 정보를 담는다. 기업교육이나 평생교육을 실시하는 기관에서는 향후 1년 혹은 6개월간 개설할 프로그램 안내 책자를 정기적으로 발간한다. 이 때 프로그램개발 담당자는 책자의 발간 일시에 맞게 프로그램에 대한 안내문을 제출해야 한다.

프로그램 개요는 프로그램 안내와 거의 같은 목적으로 작성되지만, 교육훈련의 맥락, 취지에 대한 정보, 교육훈련 내용에 대한 정보, 교육훈련 이수 후 기대되는 변화에 대한 정보 등을 좀 더 구체적으로 상세하게 제시한다. 또한 장비, 시설, 기타 교육자 등에 대한 소개, 참가자에게 요구하는 사항으로서 시간준수, 출석, 안전행동, 적극적 참여, 다른 참가자에 대한 존중 등을 포함시킬 수도 있다.

교재 및 작업지침서는 교육에 실제로 활용할 수 있는 자료를 의미한다. 교재는 주제에 관한 광범위한 안내와 정보를 제공한다. 작업지침서는 특정 작업의 순서와 절차, 주의사항 등을 안내한다. 인터넷을 통해 접근할 수 있는 정보가 많아짐에 따라 학습자들과 함께 학습 자료를 구성하는 교육방법도 등장하고 있다. 장비매뉴얼은 장비의 부품, 성능, 조작방법, 이상 발생 시 대처법 등을 안내하는 자료로서 일반적으로 장비 제작자가 제공한다.

4. 실행

실행단계에서는 계획에 따라 교수학습활동을 전개하며, 학습자 참여활동을 촉진하고, 학습자들이 산출한 결과 자료를 수집, 정리하는 등의 활동을 한다. 교육훈련의 결과는 학습자의 지식, 기술, 태도의 변화이며, 이 변화를 일으키는 교육훈련자와 학습자간의 상호작용이 실행단계의 핵심이다. 따라서 학습자의 특성을 먼저 파악하여 변화를 촉진할 수 있는 교육훈련 방법을 선택하는 것이 중요하다. 기업조직의 교육훈련 방법이 학교교육과 다른 점은 성인학습의 원리를 기반으로 한다는 것이다.

노울스 외(Knowles, Holton & Swanson, 최은수 역, 2005)는 종전의 교육학, 즉 페다고지(pedagogy)는 성장기 아동을 위한 교육의 원리를 체계화한 것이기 때문에 성인을 위한 교육에 적합하지 않은 요소가 많다고 주장한다. 성인을 위한 교육의 지식 체계를 성인학습의 원리에 적합하게 다시 구성한 안드라고지(andragogy)는 성인학습자의 특성을 다음과 같이 제시하고 있다(pp. 71-75).

첫째, 성인은 학습하기 이전에 왜 그것을 배워야 하는가를 알아야 한다.

둘째, 성인은 자신의 결정과 삶에 대해 책임이 있다는 자아개념을 가지고 있다.

셋째, 성인은 아동보다 양적으로 더 많은, 질적으로도 다양한 경험을 가지고 있다.

넷째, 성인은 그들의 삶의 상황에 더 효과적으로 대응하기 위해 할 수 있는 것 그리고 알아야 할 필요가 있는 것들을 학습할 준비가 되어 있다.

다섯째, 성인은 지식을 획득하고 구성하는 구심점을 생활, 과업, 실제 문제에서 찾는다. 이것이 학교교육이 제공하는 지식이 교과중심으로 구성된 것과 다른 점이다.

여섯째, 자아개념이 성숙한 성인은 승진, 급여, 권력 등 외적 동기 못지않게 직업만족도, 자부심, 삶의 질 등과 같은 내적인 동기에 의해 움직인다.

다음으로 학습자들이 해당분야의 초보자인가 전문가인가도 교육방법 선택 시 고려되어야 한다. 학습자가 해당분야에 처음 입문하는 초보자라면 먼저 많은 사실에 관한 지식을 필요로 한다. 사실에 관한 지식의 학습에서 중요한 것은 지식을 체계화하는 것이다. 주제의 범위 설정에 있어서도, 초보자를 대상으로 하는 프로그램은 해당기술에 관련된 지식들을 광범위하게 빠짐없이 다룰 필요가 있다. 강의법은 사실에 관한 지식의 이해와 체계화에 도움을 줄 수 있는 방법이다. 강의법에 의해 기본적 지식을 다룰 경우 전달하는 지식의 분량이 많기 때문에 지식의 암기에 초점을 두기보다는 이해와 상호연관성을 구축하도록 하는 것이 중요하다. 이미 해당분야를 전공하고 많은 실무경험을 가진 전문가들은 문제 상황에 적용할 수 있는 지식을 탐구하고, 비평하고, 경험과 시행착오를 통해 새로운 지식을 창안하는 데 관심이 있다. 주

그림 5-2 학습자의 수준에 따른 교수학습법의 적용

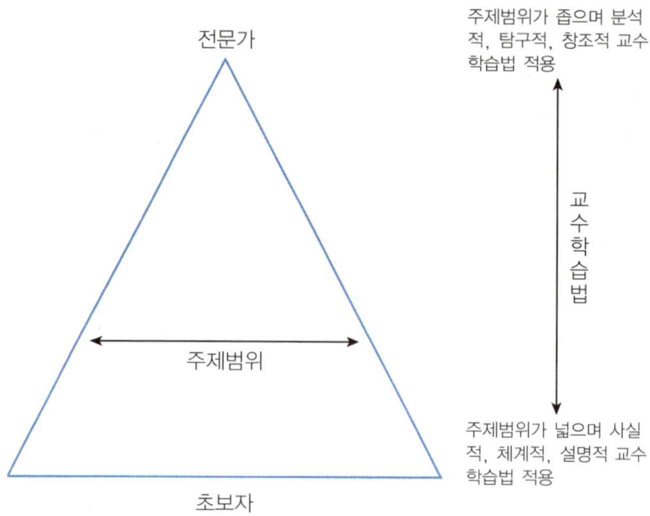

자료: Werner & DeSimone(2006: 195) 참조 재구성.

제의 범위도 특정 과업이나 문제를 중심으로 좁아진다. 이때는 강의법보다는 토의법, 사례연구법, 문제해결법 등 학습자들이 자신의 경험을 활용하여 새로운 것을 학습하도록 도와주는 탐구적, 창조적 교수학습법이 유용하다([그림 5-2] 참조).

마지막으로 프로그램이 장기간 지속되는 경우에는 초기, 중기, 그리고 말기로 진행됨에 따라 교육훈련 방법을 달리할 수 있다. 초기에는 교사가 주도하고 직접 개입하는 강의법, 작업지도법, 시범, 교사진행 토의 등으로 이끌고, 시간이 경과할수록 학습자주도의 안내문 학습, 브레인스토밍, 사례연구의 계획과 실행, 발표, 전시, 소집단 활동 등 학습자의 참여수준을 높이는 것이다. 초기에는 사실적인 지식과 정보의 학습에 중점을 두고, 점차 탐구적 창조적 교수학습법으로 이행하여 말

그림 5-3 과정의 진행에 따른 교수학습법의 변화

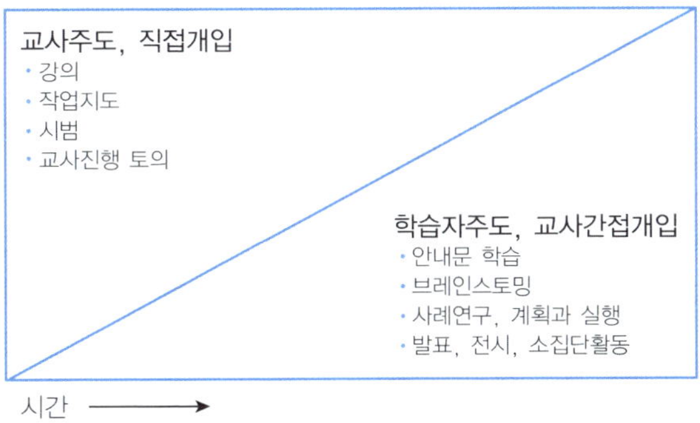

기에는 학습자들이 스스로 학습할 과제를 선택하여 문제를 해결하고 발표하게 하는 방법으로 진행하는 것이 바람직하다([그림 5-3] 참조). 교육훈련 프로그램의 실행을 위한 강의법, 토의법, 프로젝트기반 학습, 체계적 OJT, 실행학습 등 주요 교수학습법에 관해서는 제6장에 구체적으로 설명하였다.

5. 평가

평가의 목적은 일차적으로 프로그램이 목표를 달성하였는지를 살펴보는 것이다. 이외에도 평가를 통해 다양한 정보를 얻을 수 있다. 프로그램의 강점과 약점, 개선점에 대한 정보를 얻을 수 있으며, 프로그램의 비용효과분석에 대한 정보, 미래 프로그램에 참여할 사람이 누구인지를 결정하기 위한 자료를 얻을 수 있으며, 이 프로그램을 통해 가장 많은 효과를 얻은 사람과 가장 적은 효과를 얻은 사람을 확인할 수도 있다. 평가를 통해 수집된 여러 가지 정보, 즉 프로그램을 통해 의도한 목표에 도달하였는지, 무엇이 잘 되었고 무엇이 부족한 지, 비용 대비 성과는 어떠한지 등에 대한 정보는 선행된 분석, 설계, 개발 및 실행 전 과정을 반추하고 개선하는 자료로 활용할 수 있다. 이것을 환류(Feedback)라 한다. 교수체제개발은 환류를 통해 각 과정과 절차가 하나로 통합되는 체제가 된다. 나아가 프로그램의 마케팅을 위한 자료 수집, 그리고 경영의사결정을 위한 자료를 지원할 수도 있다.

평가 모형에 따라 평가 준거는 여러 가지가 있다(〈표 5-1〉 참조). 그러나 기업의 인적자원개발과 관련된 평가모형 중 커크패트릭의 4수준 평가가 많은 기업에서 활용되고 있다. 여기에서는 커크패트릭의 4수준 모형을 간략하게 개관하기로 한다.

4수준 평가는 반응평가, 학습성취도 평가, 직무적용평가(행동평가라고도 함), 성과평가 등으로 구성된다. 이를 4단계 평가라고 칭하는 경우도 있으나, 단계라는 것은 선행과 후행의 관계가 있을 때 붙이는 술어이기 때문에 선·후행에 크게 지장을 받지 않는 이 모형은 영어표현 그대로 4수준(4 levels) 평가가 적합한 번역어다. 반응평가란 학습자들의 만족도, 개선사항 제안 등에 대해 조사하는 활동이다. 강사에 대하여, 강의 내용의 적합성에 대하여, 강의방법과 흥미정도에 대하여, 교재에 대하여, 매체에 대하여, 강의실에 대하여, 실습이 이루어졌으면 실습장과 실습 장비 등에 대한 만족도, 개선점을 조사한다.

학습성취도 평가는 학습자들이 교육훈련 프로그램의 교육목표에 도달하였는지 여부를 평가하는 것을 말한다. 앞에서 살펴보았듯이 설계단계에서 교육목표가 기술되면 바로 평가준거와 평가도구, 즉 평가문항이 개발된다. 이 문항은 학업성취도를 측정하고 평가 분석하는 데 사용된다. 기업에 따라서는 학습성취도 평가결과를 인사에 반영하는 경우도 있어 훈련참여자들이 좋은 점수를 얻기 위해 치열하게 학습하

표 5-1 프로그램 평가의 모형과 준거

평가모형	평가 준거
Kirkpatrick	4 수준 평가－반응평가, 학습성취평가, 직무적용평가, 성과평가
CIPP(Stufflebeam 등)	4 단계 평가－맥락평가, 투입평가, 과정평가, 결과평가
Holton	변인을 5개 영역으로 구분하고 그들 간 관계 확인: 2차적 영향, 동기요인, 환경요인, 성과, 능력요인
Phillips	5 수준 평가－반응 및 계획된 활동 평가, 학습평가, 적용평가, 업무성과 평가, 투자성과 평가(ROI)

자료: Werner & DeSimone(2006: 236) 참조.

기도 한다. 그러나 단순 사실의 기억이 아니라 루틴하게 반복되는 일에 대하여 일을 보는 관점을 성찰하고 새롭게 일을 바라보며 관점을 전환하는 것이 학습목표라면 지필검사보다는 글쓰기나 역할극 등으로 평가하는 것이 바람직하다.

직무적용평가는 교육훈련이수자가 자신의 일터로 복귀하여 1–3개월이 지난 후 직속 상사, 동료에게서 그리고 본인 스스로 배운 것을 현업에 활용하고 있는지, 활용하고 있다면 어떻게, 얼마나 활용하고 있는지? 직무 능률 변화는 어떤지? 등을 조사하는 활동이다. 직무적용평가는 기업의 입장에서 교육의 효과를 판단하는 데 중요한 정보를 제공할 수 있으며 수행 방법이 비교적 용이하다.

성과평가인 투자효과분석(Return on Investment)은 회사가 교육훈련에 투입한 전 비용 대비, 교육훈련을 통해 획득한 전체 효용을 측정하는 것을 말한다. 교육훈련에 투입한 비용에는 교육훈련용 교재개발비, 자료구입비 등을 포함하는 모든 외적 비용과 기회비용 등으로 구성된다. 대표적 기회비용은 교사, 강사들이 교육훈련을 하는 동안 생산에 기여하지 못하여 발생한 기회비용, 교육훈련참여자들이 교육훈련에 참여하느라고 생산에 기여하지 못한 기회비용이다. 기간이 긴 프로그램은 기회비용이 높아지기 때문에 좋은 투자 수익률을 기약하기가 쉽지 않다. 이상 커크패트릭의 4수준 평가에 대해 간략히 살펴보았다.

6. 종합 정리

지금까지 교수체제개발(Instructional Systems Development: ISD), 일명 ADDIE모형의 절차와 각 절차별 활동에 대하여 살펴보았다.

ADDIE모형은 분석, 설계, 개발, 실행 및 평가의 5단계로 구분되어 절차별 활동과업을 담고 있다. 분석단계는 조직이 의도하는 성과를 산출하는 데 관련된 인적자원의 부족한 점이 무엇인가를 찾아내는 일이다. 성과상의 문제 또는 조직의 비효율을 초래할 가능성, 사람, 사건,

그림 5-4 커크패트릭의 인적자원개발 프로그램 평가모형

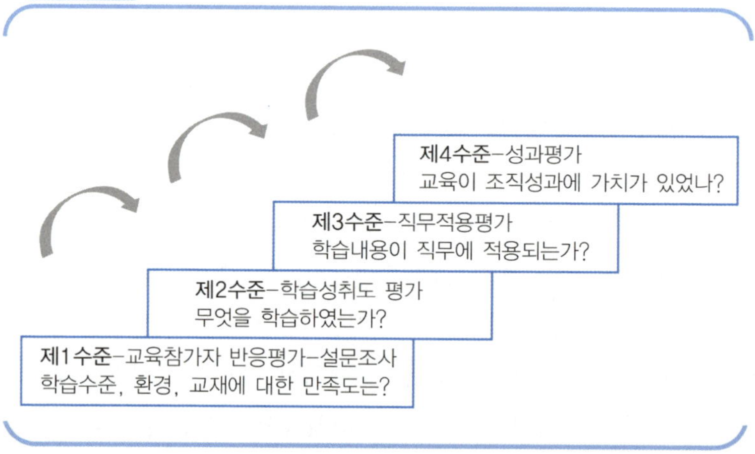

그리고 조건이 무엇인지를 검토하여 왜 교육훈련이나 컨설팅이 필요한지, 지금이 교육훈련을 실시하기에 적절한 시기인지가 규명되어야 한다. 현 상태가 아니라 조직의 성과를 제고하는 새롭고 개선된 방법을 찾는 데 초점이 맞추어져야 한다.

설계단계는 분석결과를 바탕으로 학습목표를 기술하고 평가준거를 개발하며, 가용자원을 확인하고 학습지도계획 등을 수립하는 활동이다. 여기에는 교수전략, 시간계획, 공간계획, 장비활용계획 등이 포함된다. 개발단계에서는 교육훈련에 활용할 각종 교재, 모형, 학습자용 워크북, PPT 자료, 예제, CAI, 역할극 등을 위한 스토리보드 등의 내용을 구성하고 개발한다.

준비가 끝나면 계획에 따른 실행이 이어진다. 실행단계에서는 계획에 따라 교수학습활동을 전개하며, 학습자 참여활동을 촉진하고, 학습자들이 산출한 결과 자료를 수집, 정리하는 등의 활동을 한다. 끝으로 평가단계에서는 학업성취도 평가, 참가자 설문조사, 개선점 제안, 과정운영 결과보고서 작성 등의 활동을 한다. 평가범위는 과정이수자들이 시간이 지난 후에도 학습한 내용을 현업에 적용하는지, 현업 적용 결과 성과개선이 얼마나 일어났는지까지 확장할 수 있다. 평가결과는 분석, 설계, 개발, 실행 등 전 과정에 환류된다. ADDIE 모형은 각 단계를 진행해 가면서 이전에 이루어진 의사결정이나 수행 절차에 대해 성찰하고, 개선하며, 최적 대안을 모색하기 위해 지속적으로 환류된다는 특징이 있다. 교수체제는 환류를 통해 각 절차의 통합이 이루어지며 하나의 체제(system)로 완성된다.

교수체제개발 모형은 대량생산 시스템을 기반으로 하는 산업계의 교육훈련에 널리 적용되고 있다. 그러나 신속하게 변화하는 환경에서 수시로 발생하는 교육요구에 대응하고, 또 단기간 소규모 관련 인재의 교육이 빈발하는 기업교육환경에 적용하는 데는 한계가 있다. 그럼에도 불구하고 기업의 경영성과 달성을 위한 교육훈련 체계를 구축하고 실행하는 표준 모형으로 활용되고 있다.

제6장

인적자원개발을 위한 교수·학습법

학습목표

1. 인적지원개발을 위한 교육훈련에 활용되는 기본적 교수·학습법인 강의법, 토의법, 프로젝트기반학습(PBL), 현장훈련(OJT), 그리고 실행학습(Action Learning)의 특성과 전개 절차를 설명할 수 있다.
2. 각 교수·학습법의 적절한 활용 상황을 설명할 수 있다.
3. 각 교수·학습법의 특징과 전개 절차 및 적절한 활용 상황 등을 자신의 교수·학습활동에 적용할 수 있다.

인적자원개발의 기초

제6장

인적자원개발을 위한 교수 · 학습법

우리는 앞에서 인적자원개발을 위한 대표적 교수체제개발모형(ADDIE)을 살펴보았다. ADDIE 모형은 요구분석부터 프로그램 설계, 개발, 실행 및 평가까지 광범한 활동을 포괄한다. 이 장은 앞에 제시한 ADDIE 모형의 중간 단계인 "실행(Implementation)"을 위한 교수·학습법 중 기본적인 것 5가지에 집중하여 구체적으로 살펴보려고 한다.

사람의 잠재된 직무역량을 개발, 향상하는 과정에서 학습 경험이 구체적으로 이루어지는 단계가 "실행"이다. 앞에 언급한 바와 같이 실행 단계의 핵심은 교수자와 학습자 사이의 상호작용이다. 엄밀한 직무분석을 바탕으로 적절한 목표를 설정하고, 좋은 자료와 환경을 준비하였다고 해도, 실행 단계에서 교수자와 학습자 사이의 의미 있는 상호작용과 학습 경험이 이루어지지 않는다면, 성공적 능력향상을 기대할 수 없다. 교수자와 학습자 간에 이루어지는 상호작용의 양식은 교수·학습법에 의해 주로 결정된다.

인적자원개발은 여러 학습환경에서 다양한 학습자를 위해 다양한 의도와 목적을 가지고 실행되기 때문에, 활용되는 교수·학습법도 매우 다양하다. 강의실과 같이 집합 교육에 적합한 환경뿐 아니라, 실제 업무가 진행되는 일터도 중요한 학습환경이다. 요즘처럼 시간이나 공간의 제약이 적은 인터넷이나 모바일 기기도 중요한 학습환경이지만 여기에서는 강의실과 일터에서 이루어지는 교수·학습법에 집중하고자 한다.

교수자는 여러 가지 교수·학습법을 익혀야 학습자, 학습환경 및 학습 목적에 적합한 방법을 선택하고, 실행할 수 있다. 교수자가 여러 교수·학습법을 익혀야 하는 것은 장인이 다양한 공구 다루는 법을 익혀야 하는 것과 같다. 목수가 재료를 다룰 때 의도와 소재에 따라 적합한 공구를 선택하고 사용하듯이 교수자가 학습을 촉진할 때도 의도와 대상에 따라 적절한 방법을 활용해야 한다.

이 장에서는 인적자원개발을 위한 교수·학습 실행에 필요한 교수·학습법의 특성과 이에 따른 교수·학습의 절차, 교수자의 역할과 주의할 점을 살펴본다. 먼저 강의실에서 이루어지는 교수·학습법 중 가장 많이 활용되는 강의법, 토의법, 프로젝트기반학습을 설명하고, 이어서 실무현장에서 이루어지는 교수·학습법으로 체계적 현장훈련과 실행학습을 설명한다.

1. 강의법

강의법은 교수자가 다수 학습자에게 새로운 개념이나 정보를 전달할 때 주로 활용한다. 강의에서 교수자는 주제와 관련된 개념과 이론을 사실이나 사례와 연관지어 설명하며, 주제를 체계화하고 상, 하위 개념과 연결한다. 예를 들어 기업에서는 특별한 경험과 숙련 기술을 보유한 전문가가 자신의 전문성과 통찰을 청중과 공유할 때, 경영자가 기업의 경영 방침을 전달할 때, 그리고 신입사원에게 기업의 역사와 당면 과제를 설명할 때 강의법을 활용할 수 있다. 강의법의 특징은 다음과 같다.

첫째, 교수자가 선택한 특정 주제에 관한 명확하고 체계적인 정보를 제공할 수 있으며, 새로운 개념을 소개하거나 주요 내용을 제시하는 데 유용하다.

둘째, 전문적 지식과 경험을 가진 사람들이 제공하는 강의는 권위를 전달할 수 있으며, 학습자에게 전문가의 통찰에 직접 접할 기회를 제공한다.

셋째, 언어와 시각 매체를 활용하여 교수자가 학습자에게 전달하는 일방향 소통이 중심이 되고, 학습자들 사이의 소통은 제한된다.

넷째, 학습자의 주의집중과 참여를 이끌기 위해 강사는 스토리텔링, 수사적 질문, 역동적 전달에 역점을 두어야 한다. 그러므로 교수자의 강의 준비가 강의의 질을 좌우한다.

강의 준비의 첫 단계는 학습자의 요구를 확인하는 것이다. 예를 들어 신기술에 대한 강의라면, 학습자의 현재 지식과 기술을 파악하고, 학습자가 강의를 통해 배우게 될 지식이나 기술을 사용하게 될 상황을 충분히 이해해야 한다. 이를 바탕으로 수업목표를 설정하고, 학습 내용을 설계하며, 그 강의를 구현하기 위한 환경을 조성한다. 강의에서 언어적, 비언어적 표현을 어떻게 할지, 어떻게 학습자가 집중하고 경청하게 할지, 강의를 구성하는 소주제의 각 부분에 시간을 얼마나 배당할지 등에 대한 계획이 필요하다. 이를 강의 절차 설계라 한다.

강의 전개 절차 모형은 다양하다. 예를 들어 학교에서 교생들에게 공개 수업을 위해 작성하도록 권고하는 "수업계획안"은 일반적으로 도입-전개-정리-평가의 4단계로 구성된다. 교수자는 도입단계에서 목표를 제시하고, 주제에 관한 관심과 호기심을 불러일으키고, 전개단계에서 세부 내용 순서에 따라 목표에 적합하게 설명, 예시, 연습을 제공한다. 정리단계에서는 중심되는 주제와 세부 내용의 관계를 종합하고 요지를 제시한다. 평가단계에서는 학습 목표에 도달하였는지 확인하고 부족한 설명을 보완한다. 이 모형은 교수자가 정해진 시간에 주제를 이탈하지 않고 준비된 매체를 활용하여 내용을 충실하게 전달하는 길잡이 역할을 한다. 그래서 예비교사가 스스로 자신의 교수 행동을 계획하고 수련하기에도 적절하다.

많은 사람을 대상으로 하는 강연회를 위한 강의 절차를 설계할 때는 기업교육 최우수 강사가 활용하는 강의 절차에 관한 연구를 참고할 수 있다. 10년 이상의 경력을 쌓은 기업교육 우수 강사 10인을 심층 인터뷰하여 강의 절차를 분석한 권기수(2012)는 기업교육에서 대규모 청중의 집중과 공감을 얻어내는 최우수 강사들이 사용하는 강의법인 AMEN 모델을 확인하였다. AMEN은 주의집중(Attention)-메시지(Massage)-사례(Example)-마무리(Ending)의 머리글자이다.

첫째, '주의집중'은 도입 단계로서 참가자의 관심과 흥미를 끌어 강사에게 집중시키는 것을 말한다. 질문, 유머, 시사적인 내용, 필요성, 배경과 환경 등을 통해 주제를 소개하고 귀를 기울이게 만드는 것이다.

둘째, '메시지'는 강사가 전달하고자 하는 정보나 지식의 핵심을 말한다. 메시지는 어떤 행동 지침을 담아, 명확하게 이해하고 기억할 수 있도록 간결하게 표현한다. 참가자에게 의미 있고, 매력적인 지혜나 주장, 솔루션을 한 문장으로 제시하는 것이다.

셋째, '사례 제시'는 메시지의 배경 상황과 스토리, 이유 등을 설명하는 것으로서, 앞의 메시지에 대한 이해와 공감을 끌어내는 역할을 한다. 스토리텔링으로 전달되는 배경 상황은 주제 메시지를 생생하고 의미 있게 한다. 이유 설명은 메시지의 근거와 논리적 추론 과정을 설명하여 청중의 이해를 돕는다.

넷째, '마무리'는 기억을 위해 메시지를 다시 한번 반복하고 강조하기 위한 절차이다. 메시지와 배경 스토리, 이유 설명 등을 연결하고 확인하는 것이다. AMEN 모형은 결론을 먼저 말하고, 뒤에 그 이유와 사례를 설명하는 두괄식으로, 강사의 주장을 명료하게 표현한 다음 청중을 설득하려는 접근이다. 따라서 대상과 상황에 적합하게 활용해야 한다.

효과적으로 신속하게 전달하고 공유해야 할 새로운 지식과 기술이 계속 창출되고 있기에 강의법은 많이 활용되고 있지만, '주입식 교수법'이라고 비판받기도 한다. 주입이란 빈 그릇에 물을 부어 채운다는 뜻이다. 주입식 교수법이란 학습자의 이해나 응용보다는 예를 들어 시험에 나올 듯한 지식과 정보를 상세로 집어넣는다는 의미이다. 인터넷의 발달과 생성형 AI가 일상화됨에 따라 단순 지식의 주입은 점차 의미를 상실하고 있지만, 그래도 강의법은 강의실 공간에서 여전히 높은 빈도로 활용된다. 그것은 학습자의 능동적 학습활동을 이끄는 도입 부분에 활용하기 적합하기 때문이다. 교수자가 지식의 전달자에 머물지 않고, 학습자와 서로 호응하며, 필요한 것을 학습하도록 돕기 위해, 강의법과 여러 가지 학습자 중심 교수·학습법을 혼합, 병용할 수도 한다. 예를 들어 강의법은 토의학습을 위한 도입에 투입될 수 있다. 주제에 관한 관심을 높이기 위해 학습할 기술을 활용하는 실무현장의 변화와 엔지니어의 경험을 전달할 때도 활용할 수 있다. 실무 경험을 보고하는 데도 적합하다. 강의를 토의나 프로젝트기반학습 등 학습자 중심 학습으로 들어가는 디딤돌이 되게 하는 것이다.

2. 토의법

토의법은 교수자와 학습자 또는 학습자 상호간 개방적인 아이디어 교환으로 생각을 풍부하게 하는 교수·학습법이다. 강의법과 다르게 토의법에서는 학습자의 발언이 권장된다. 토의 참여자는 각자 의견과 관점을 제시하고, 다른 사람의 의견에 응답하면서 자신의 아이디어와 지식에 대해 성찰하고 이해의 폭을 넓히게 된다. 토의 참여를 통해 자신의 경험과 관점을 반영한 의견을 발표하고, 타인의 주장을 경청하면서 소통을 통해 이해, 추론, 검증, 분석, 종합, 문제해결 또는 비판적 사고를 경험할 수 있다. 참여자간 개방적, 협동적 소통에 공감이 더해지면 역동적 집단사고 과정을 체험할 수 있다.

일반적으로 토의는 도입, 진행, 마무리 단계로 전개된다. 토의의 도입 단계에서 교수자는 목표를 명확히 정의하여 토의의 초점과 원하는 결과를 참여자들이 이해할 수 있게 제시한다. 포용적인 분위기에서 모두 발언하도록 장려하고 다양한 목소리와 관점이 제시되도록 한다. 토의는 교수자나 참여자 중 진행자를 선정하여 전체 혹은 소집단(분임) 활동으로 진행할 수 있다.

토의 진행자는 중립성을 유지하고 모두에게 골고루 발언 기회가 주어지도록 하며, 참여자들과 함께 의사소통 규칙을 정하고 준수하도록 이끈다. 다음은 진행자가 토의를 생산적 집단사고 과정으로 이끄는데 유념해야 할 지침이다.

첫째, 참여자의 발언이 시작되면 능동적으로 경청하며 발언자의 기여를 인정하고 적절히 반응한다. 발언자의 아이디어를 존중함으로써 추가 참여를 이끌 수 있다. 말이 없는 참여자들을 주의 깊게 살피고 적절한 질문 등을 통해 발언에 초대한다.

둘째, 화이트보드, 플립차트와 포스트잇 등을 활용하여 토의 내용을 시각적으로 공유할 수 있게 한다. 의견의 시각화는 주제에 대한 다양한 관점을 모아 더 풍부한 이해와 분석으로 이어지게 한다. 새로운 주제 토의를 시작하기 전에 각 참여자가 아이디어를 포스트잇에 메모하고 그것을 벽이나 화이트보드에 부착한 다음 발표하는 방식도 진행에 도움이 된다.

셋째, 토의를 시작하고 촉진하는 것은 질문이다. 발언 내용을 보완할 수 있는 질문이나 비판적 사고와 깊이 있는 분석을 이끄는 질문을 하고, 참여자들도 서로 질문하도록 한다. 참여자들이 서로 다른 의견들을 비교하며 비판적으로 생각하고, 다양한 관점과 예상 가능한 실무 상황 시나리오를 검토하여 실제 문제를 해결하려는 관점에서 질문하도록 이끌어야 한다.

넷째, 갈등이나 의견 차이가 나타나면 차이를 확인하고, 건설적 대화로 유도한다. 의견 차이는 동료들의 다양한 관점과 모호하고 복잡한 것을 분석, 수용하는 능력육성의 기회다. 각자 자신의 의견을 검토하고 확대하는 기회로 활용하는 것이다.

다섯째, 한 참가자 혹은 특정 주제가 과도하게 지배하는 등 토의가 경로를 벗어날 때는 부드럽게 대화하여 조정한다. 토의중 주기적으로 제시된 핵심주장과 통찰을 플립차트에 요약하여 의견을 통합하고 명확하게 한다(Brookfield & Preskill, 1999: 22-42 참조).

토의를 마무리할 때는 참여자들이 배운 것을 성찰하고 이를 업무에 적용할 방안을 제시하도록 한다. 마무리 단계에서 참여자가 토의에서 자기 생각을 명확하게 표현하였는지, 동료 의견을 경청하였는지, 건설적인 대화에 참여하였는지 등의 경험을 되돌아보게 하면 의사소통 기술 향상에 도움을 줄 수 있다.

3. 프로젝트기반학습(Project Based Learning)

프로젝트기반학습(Project Based Learning, 이하 PBL)은 학습자가 학습활동의 주체로 참여하여 경험을 통해 학습하는 대표적인 학습자 중심 교수·학습법이다. PBL을 통해 학습자 개인 혹은 소집단은 과제를 수행하며 직무수행능력과 더불어 자주적인 태도와 종합적 사고력을 배운다. 학습자 혹은 학습자 집단이 스스로 과제를 수행하도록 이끌기 위해 교수자는 학습목표에 적합한 과제를 개발하고, 학습활동을 설계하며 학습환경을 조성하며, 학습자의 능동적 학습활동을 촉진한다. 과제수행이 학습활동의 중심축이다. 교수자와 학습자는 과제수행 목표를 공유하고 협력을 통해 서로의 성장과 변화를 도모한다.

PBL은 학교교육은 물론, 대학교육에도 활용되는 등 활용범위가 넓다. 직무능력개발을 위해 활용되는 PBL의 주된 목적은 자주적이고 종합적인 과업 수행 능력의 개발에 있다. 자주적 과업수행능력이란 근로자 스스로 자신의 과업을 파악하고 실행할 수 있는 능력이다. 타인의 지시와 감독을 받으며 수행하는 직무가 아니라 환경변화에 따라 스스로 자신의 과업을 설계하고 조정할 수 있는 인재를 육성하려는 것이다. 종합적 과업수행능력이란 과업의 한 부분이 아니라, 그 과업 수행을 위한 정보수집, 계획수립, 실행, 점검 및 보고 등 모든 과정을 통합하여 수행할 수 있는 능력이다. 여기에는 기술능력뿐 아니라 의사소통능력, 문제해결능력, 비판적 사고력과 창의력 등도 포함된다.

PBL은 과제에 의해 시작되며, 과제의 완성 및 발표, 평가로 종료된다. 학습 결과가 과제에 크게 영향을 받기 때문에, 과제설정이 중요하다. 물론 교수자가 과제 부과 후 모든 것을 학습자에게 일임하고 기다리는 것은 아니다. 효과적 학습목표 달성을 위해 교수자는 과제 수행과정에서 자신과 학습자 사이에 효과적인 소통과 상호작용이 일어날 수 있는 기회를 만들어야 한다. 이를 위해 PBL 수업 전개 절차를 몇 개의 단계로 구분하여 진행한다. 수업 전개 절차 구분은 학습자와 교육목적에 따라 다양하다. 임세영(2019)은 사람이 일의 목표를 설정하고 일을 수행하는 논리를 기반으로 직업능력개발을 위한 PBL 수업절차를 과제설정, 정보수집 및 계획수립, 계획확정, 계획실행, 발표 및 평가 등의 5단계로 구분하였다([그림 6-1] 참조).

그림 6-1 직업능력개발을 위한 PBL 수업전개의 절차

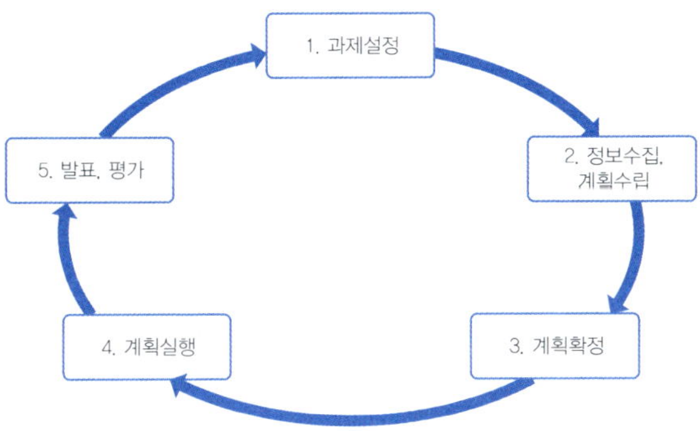

① 과제 설정

학습자는 교수자에게 부과 받거나 자신이 선택한 과제를 파악하고 그 과제를 자신의 일로 받아들여야 한다. 교수자는 과제를 개발할 때 프로그램 전체의 목적과 연계해야 하고, 학습자가 획득하게 될 학습 경험의 전이가능성, 실제 상황과의 연관성, 시간 등을 고려해야 한다.

② 정보수집과 계획수립

학습자가 과제수행을 수용하였다면 과제수행에 데 필요한 정보를 스스로 확보하고 분석하며, 작업 환경을 조성하도록 한다. 이를 위한 첫 단계가 정보수집과 분석이다. 인터넷과 문헌 자료 등에서 과제수행을 위해 필요한 정보를 찾고, 불확실하게 알고 있는 것도 검색하여 신뢰도가 높은 정보를 선별하고 범주에 따라 분류하며 정리한다. 이 과정에서 학습자는 초인지 역량을 개발할 수 있다(제3장, 56-59쪽 참조).

계획수립 활동은 이론적 지식과 정보를 실제 상황에 적용하는 경험을 제공한다. 학습자는 계획을 수립하는 가운데 전체 과업 수행과정의 논리적 연계를 그려볼 수 있다. 학습자는 과업에 투입할 수 있는 제한된 자원(재료와 설비, 돈, 시간, 사람, 능력 등)으로 요구되는 결과에 최적하게 도달할 방안을 구상한다. 이는 문제해결 학습 경험과 다양한 대안를 비교 평가, 선택하는 의사결정 학습 기회를 제공한다. 정보수집 및 계획수립 단계에서 브레인스토밍, 브레인라이팅, 아이디어 카드 붙이기, 우선 순서 정하기, 중재와 회의 진행 등 여러 가지 창의적 학습 방법을 투입하면 의사소통 능력과 팀워크 능력 등을 육성할 수 있다.

③ 계획 확정

계획수립과 구분하여 계획확정 단계를 설정한 것은 앞의 정보수집 및 계획수립에서 과업 수행으로 이행하기 전에 다른 사람의 검토와 확인을 받고 확정하기 위한 것이다. 이를 통해 조직에서 실무자가 기안을 한 다음 상급자의 결제로 확정하는 과정을 경험할 수 있다. 개인의 계획이 조직의 계획이 되는 실무 상황 체험이다. 계획을 검토하여 의사결정을 할 때, 협의를 통해 개발한 대안 들을 비교 검토하고, 가용자원과 환경을 고려한 최적안을 선택하는 의사결정 과정을 체험한다. 과업 수행 전에 자신이 가지고 있는 자원(재료와 설비, 돈, 시간, 사람, 능력 등)으로 요구되는 과제를 수행할 수 있는 여러 방안과 대안을 비교 평가해 보는 것이다. 검토자로서 교수자는 질문으로 학습자가 객관적 준거를 기반으로 다양한 의견을 수렴, 조정 및 통합하는 경험을 하도록 이끌어야 한다.

전략적 프레젠테이션역량 개발을 위한 PBL 사례

A는 어떤 기업의 초급 간부들에게 "전략적 프레젠테이션" 강의를 위촉받았다. 학습자가 전략적 프레젠테이션 방법을 이해하고 체계화하여 맥락에 따라 적용할 수 있는 역량을 육성하는 것이 학습 목표였다. 그는 고민 끝에 이 강의를 PBL로 실행하기로 하였다. 학습자들이 경험을 통해 스스로 전략적 프레젠테이션의 개념과 방법을 찾아내고, 각자 자신의 프레젠테이션역량을 개선하는 데 역점을 두었다. 이 목적을 성취하기 위해 네 단계로 진행하였다.

첫 과제는 그룹별로 전략적 프레젠테이션이 갖추어야 할 요건을 검색하여 객관적 기준을 정하고 발표하게 하였다.

둘째 과제는 "대주제를 '나'로 설정하고, PPT를 제작하여 본인이 제작한 PPT를 발표하시오."였다. 본인이 보여주고 싶은 자신의 어떤 측면(예: 내가 좋아하는 것, 내가 이루고 싶은 꿈, 여행했던 가장 추천하고 싶은 곳)을 PPT 슬라이드 7장에 담아 10분 이내로 발표하도록 요청하였다.

셋째 과제는 "다른 동료가 발표할 때, 각자 자신이 발표 심사위원이라고 생각하고 발표자 한 사람 한 사람에 대해 앞에서 정한 심사 기준에 따라 심사하고 의견서를 작성하시오."였다. 발표와 의견서 작성이 끝난 다음 작성된 의견서를 모아 해당 발표자에게 전달하고, 각자 자신의 프레젠테이션에서 좋았던 점과 개선점을 돌아보고 발표하게 하였다.

마지막으로 각 그룹이 정한 전략적 프레젠테이션 방법의 기준들을 모두 모아 우선순위를 정하였다. 그다음 상위 순위에 포함된 것들의 의미와 적용방안에 대해 토의하고, 종합하여 전략적 프레젠티이션역량의 개념을 정의하였다. 그리고 상위 5개 우선순위에 가장 많이 포함된 심사 기준을 개발한 그룹에 전체가 축하 박수를 보냈다.

④ 계획 실행

계획 실행은 학습자가 성공 경험을 통해 자존감과 자기효능감을 육성할 기회이다. 학습자는 과제를 계획에 따라 수행하고, 계획 변경이 필요할 때는 서로 협의하고 확인한다. 그리고 과제 수행기간이 몇 일 이상 될 때는 매일 수행일지를 작성하도록 한다. 계획 실행 단계에서는 가능한 한 교수자의 개입을 절제한다. 교수자는 상담자, 촉진자로서 학습자들이 상호 교류를 통해 실행과정에서 대두된 문제를 이해하고, 스스로 해결하도록 기다리고, 해결시 격려하며, 질문이 있을 때 답변한다. 학습자가 계획을 실행하는 동안 학습자의 개인별, 팀별 활동을 관찰하고 기록하여 추후 피드백 자료로 활용한다.

⑤ 발표 및 평가

과제가 완성되면 과제 수행결과를 돌이켜보고 정리하여 동료들과 공유할 수 있도록 발표한다. 이때 계획대비 수행결과 비교를 통해 학습자 스스로 평가하고 성찰하여 개선점을 찾도록 한다. 교사는 학습자가 주도적 학습활동 경험에 대한 성찰을 통해 스스로 지식과 기술의 성장과 변화를 지각하도록 도와주고, 더욱 개선하도록 격려한다. 관찰결과를 기반으로 피드백을 주며, 포트폴리오를 만들게 하여 학습자들이 이전의 과제수행 경험과 비교해 보며 변화 성장하고 있음을 느끼도록 한다. 평가와 성찰의 대상은 과제수행의 결과뿐 아니라 계획, 절차, 협동 등에 나타난 직무역량, 개인적 자기관리 및 조절 역량, 소통과 협동 등 사회적 역량 등을 포함한다.

4. 현장훈련(On the Job Training)

재직 중인 근로자가 가장 빈번하게 경험하는 교육훈련이 현장훈련(On the Job Training, 이하 OJT)이다. OJT의 원형은 일의 현장에서 미숙련자가 숙련자에게 지식과 기술을 전승받는 훈련방법이다. OJT는 신입자를 위한 현장훈련의 보편적인 형태로서 선임자, 숙련자로부터 직무에 대한 훈련과 지도를 받게 된다. 직무현장에서 선임자와 후임자간 혹은 상급자와 신입자간에 일대일로 이루어지는 교수 · 학습활동은 모두 OJT라고 볼 수 있다(DeSimone, Werner & Harris, 2005: 194).

OJT는 근로자가 특정 업무에서 안전하게 실무능력을 익힐 수 있고, 결과에 대한 실시간 피드백이 가능하다. 학습 내용을 실시간으로 적용할 수 있어서 이해가 쉽고, 학습과 적용의 즉각적인 연결은 자신감과 효능감을 강화한다. 또한 학습자의 현재 지식과 필요한 지식의 차이를 확인하고, 개인별 요구에 맞게 내용과 수준을 조정하는 개별화된 접근이 가능하다. 경험이 풍부한 동료나 선임자가 OJT 현장교사를 맡기 때문에 현장의 특이 지식과 사례 공유를 촉진한다. OJT는 현장 시설과 인력을 활용하여 진행하므로 강의실에서 진행하는 교육훈련 방법보다 경제적이다.

OJT는 체계적으로 이루어질 때 성과가 높다(제이콥스, 2010). 제조 생산현장에서 실행할 수 있는 체계적 OJT 모형은 크게 체제기반모형과 팀기반모형으로 구분할 수 있다. 여기에서는 우리나라의 중소제조업체에서 도입, 실행할 수 있도록 구안된 체제기반모형에 초점을 맞춰 소개하고자 한다. 기업의 경영 전략 차원에서 체제기반 OJT를 실행하려면 먼저 OJT 실행을 위한 제도 및 여건을 구축해야 한다. 체제기반 OJT는 다음과 같이 8단계로 전개된다(임세영, 2010).

① OJT 실행을 위한 인사제도 및 교육 여건 구축
② OJT 실시 여부 결정
③ OJT 실시 준비 및 특성파악
④ 대상 직무의 분석
⑤ 트레이너 선정 및 교육
⑥ 교재개발
⑦ 훈련실행
⑧ 평가 및 피드백

각 단계별 세부 실행 사항은 다음과 같다.

① OJT 실행을 위한 인사제도 및 교육 여건 구축

OJT는 조직의 성과를 향상시키기 위하여 조직구성원의 잠재된 재능을 개발하여 생산에 기여하게 하는 활동이다. 이를 위해서는 OJT 관리를 위한 책임을 부여하고 구성원들이 적극적으로 참여하고 싶은 동기를 갖도록 OJT 활동을 위한 여건과 참여와 성과에 대한 보상을 명료하게 제시해야 한다. 세부적으로 사내의 OJT를 총괄 관리할 부서와 매니저, 팀장 등을 지명하고 참여자에 대한 보상과 상여 대책을 마련한다. OJT의 성과와 보상을 연계할 대책을 수립하는 것이다. 그리고 체계적 OJT를 실행할 조직의 역량을 육성해야 한다. 이를 위해 OJT 훈련과정, 현장훈련교사, 시기, 기간, 장소, 방법, 만족도, 훈련 성취도, 개선된 성과, 피드백, 미래 개선 방향 등을 기록하고 관리하는 인사제도 및 교육 여건을 구축한다.

② OJT 실시 여부 결정

구체적으로 OJT를 실시할 것인지 여부를 결정하기 위해서는 대상 직무의 특성, 가용자원 및 실무현장 상황 등을 점검하여야 한다. 직무의 특성 점검이란 체계적인 OJT 실행의 관점에서 직무의 실행상태, 빈도, 난이도 및 실수에 대한 대가의 크기 등을 점검하는 것이다. OJT에 필요한 인적, 물적 자원과 시간의 투입이 가능한지도 점검한다. 인적자원이란 경험 많은 숙련자로서 가르칠 수 있는 능력을 갖춘 사람이어야 한다. 물적자원은 장비, 공구, 데이터 등으로 직무 상황과 연결된 것이어야 한다. 그리고 무엇보다 OJT 실행에 필요한 사람(숙련자와 미숙련자)이 OJT에 투입할 수 있는 시간이 있는지 확인해야 한다. 체계적 OJT의 실행에 필요한 공간으로서 실무현장은 직무가 우선적으로 수행되는 공간이기 때문에 이 공간의 사용가능성을 점검하는 것은 중요하다. 실무현장에는 소음, 위험, 다른 직무들 등 OJT 실행을 저해하는 요인들이 많다. 이러한 방해 요인이 어느 정도인지, 감내할 수 있는 정도면 수용해야 하지만 그렇지 못하면 고려해야 한다. OJT 장소는 일에 지장을 주지 않으면서 일과 연계된 공간이 좋다.

③ OJT 실시 대상자 준비 및 특성파악

신입사원, 실무적응 대상자, 직무순환에 따른 대상자 등 직무 및 인적자원 관리 목적에 따라 OJT 실시 대상자를 선정한다. OJT는 기업과 현장훈련교사, 현장훈련 대상자 모두 시간과 노력을 투입해야 하기 때문에 의미 있는 훈련을 위해서는 훈련 대상자의 인식과 동기를 확인해야 한다.

④ 대상 직무의 분석

직무 및 작업 수행 행동 분석을 통해 확보해야 할 정보는 작업관련 정보와 수행 성과 관련 정보이다. 작업관련 정보에 해당하는 것은 작업절차 및 순서, 해결해야 할 문제의 인식과 대책, 의사결정, 검사, 조정, 계획, 계산, 일의 흐름 이해 등이다.

⑤ 현장훈련교사 임명 및 교육

적정 수준 이상의 직무 능력과 교사로서 기본 자질을 갖춘 사람을 직무능력, 전문교육 이수여부, 지식과 기능을 기꺼이 나누려는 태도, 동료에 대한 존중, 인간관계 능력, 문서이해 및 작성능력, 조직에 대한 관심, 현장훈련 교사가 되고자 하는 열망 등을 기준으로 선발, 임명한다.

⑥ 교재(훈련모듈)개발

OJT 교재는 제목, 훈련의 의의, 훈련목표, 선행요건, 자원, 훈련내용, 훈련실행(준비, 훈련내용제시, 반응 점검, 피드백제공, 평가), 평가 및 피드백 양식, 추가 정보 등으로 구성한다.

⑦ 훈련실행

체계적 OJT의 실행은 훈련대상자의 준비, 현장훈련교사의 시범 및 설명, 반응요구, 피드백, 평가의 순서로 전개된다.

⑧ 평가 및 피드백

OJT가 종료된 다음 이루어지는 평가 및 피드백은 다음 활동의 계획을 위한 기초자료가 된다. 평가는 훈련결과, 훈련과정, 훈련투입 및 훈련의 배경과 맥락 등을 대상으로 이루어진다. 훈련결과 평가는 훈련결과가 훈련목표에 도달하였는지 여부, 훈련방법의 효과성과 효율성, 트레이니의 계발 요구와 훈련결과의 관계, 부작용 등에 대한 것을 포함한다.

5. 실행학습(Action Learning)

실무현장에서는 교육과 현장 요구 사이의 격차가 크다는 의견이 많다. 양자 간의 차이를 줄이는 방법으로 일의 실행이 바로 학습이 되게 할 수는 없을까? 실행학습은 실무현장의 문제해결이 바로 학습이 될 수 있다는 신념을 토대로 일터에서 이루어지는 학습 방법이다. 일과 학습은 동전의 양면과 같아서 어떤 일의 경험이 그 일의 학습이 될 수 있다고 보는 것이다. 사람은 당면하는 일에서 질문하고, 이해하고, 반성하고, 통찰력을 얻고, 새로운 실행 방법을 배우지 않는가? 실무에서 무언가를 종전과 다르게 해보는 것, 새로운 기술이나 지식을 적용하고 활용해 보는 것, 또는 다르게 생각해 보는 것, 새로운 가치와 신념을 갖는 것도 의미 있는 학습이 될 수 있다.

실행학습을 처음 개념화 한 사람은 레그 레반스(Reginald Revans, 1907~2003)이다(Pedler, 2016). 캠브리지 대학에서 천문학을 공부하고 Essex 교육부에서 일하던 1940년대 중반 그는 영국 정부로부터 광산업의 생산성 향상을 위한 인력개발을 위촉받았다. 그는 광부들에게 직접 해법을 제시하거나 가르치는 대신, 그들이 스스로 문제를 정의하고, 해결책을 모색할 수 있도록 하였다. 광부들이 소규모 팀을 이루어 광산 생산성 저하의 원인을 파악하고 해결책을 찾아 나가도록 한 것이다. 그는 이 과정을 통해 학습이 이루어지는 것을 확인하였다. 시간이 흐르며 팀들이 문제해결을 위한 다양한 아이디어를 제안하고, 실행 후 그 결과를 다시 평가하고 개선하는 과정이 제도화되었다. 레반스는 실무 문제해결과 학습이 상호작용하며 전개되는 과정을 바탕으로 실행학습 모델을 제안하였다(Pedler, 2016).

집단 수준에서 실행학습을 하려면 함께 일하는 사람들이 일에서 당면하는 문제를 함께 토의하고, 이해하고, 반성할 수 있는 공간과 시간이 마련되어야 한다. 집단의 실행학습을 추진하려면 학습 참여 집단의 정기적이고 격식을 갖춘 회의가 필요한 것이다. 그리고 실행학습을 이끌어 가는 학습 코치가 있어야 한다. 학습 코치는 조직개발, 개인개발, 기술개발 등 해당 집단이 당면한 문제 가운데 선택한 문제를 해결하는 과정을 계획하고 실행한다. 학습 코치는 실행학습의 결과 참가자들이 도출한 실용적 지식, 기술, 행동 또는 신념과 통찰력을 확인하고, 그것을 해당 문제 해결에 지속해서 적용할 수 있는지 검토한다. 이 중

거가 제시될 때 진정으로 배웠다고 말할 수 있다.[1)]

실행학습은 다양한 기업에 적용되면서 레반스가 제시한 모델은 확장, 발전하였다. 김종근과 봉현철(2000)은 실행학습을 교육 참가자들이 **학습 팀**을 구성하여 각자 **자신의 문제 또는 팀 공동의 과제를 학습 코치**(Learning Coach)와 함께 정해진 시점까지 해결하는 동시에 **지식습득, 질문과 피드백 및 성찰**을 통해 과제의 내용 측면과 해결 과정을 더불어 **학습**하는 과정으로 정의하였다(김종근, 봉현철, 2000; 봉현철, 2006; 오명진, 2008). 이때 학습팀원 각자가 자신의 과제를 해결하는 과정을 "Open Group 프로그램"이라고 하며, 학습팀원 전체가 하나의 공동 과제를 해결하는 과정을 "Single Project 프로그램"이라고 한다(봉현철, 2006). 이 정의에 따르면 실행학습은 문제, 학습팀, 러닝코치, 실행의지, 학습, 질문과 성찰 등 6가지 요소로 구성된다(봉현철, 2006: 11).[2)] 각 요소의 특성은 다음과 같다.

① 문제(Problem)

문제는 학습을 이끄는 촉매 역할을 하며 팀이 집중하고 해결책을 도출하기 위한 학습활동의 중심축이 된다. 문제는 조직이나 개인이 직면한 구체적이고 긴급하게 해결이 필요한 것으로서, 도전적이고 복잡하며, 다양한 해결책과 학습 기회가 열려있는 것이면 좋다. 그리고 문제는 학습 팀에 의해 도출된 해결책을 일터에서 실행할 의지가 있는 의사결정권자(부서장, CEO 등)가 부과해야 한다.

② 학습 팀

학습 팀은 4~7명으로 구성하며, 문제에 대한 창의적 접근이 가능하도록 다양한 시각과 경험을 가진 참가자들로 편성하는 것이 바람직

---

1) Weinstein, Krystyna(1999), ACTION LEARNING－A Practical Guide, 2nd Edition, p. 3 참조

2) 봉현철(2006), 성공적인 학습을 위한 Action Learning Workbook, 서울: 다산서고, 11.

하다. 팀원들은 경험과 지식을 공유하며 질문과 토의를 통해 해결의 실마리를 찾는다.

③ 질문과 성찰

질문은 실행학습의 핵심도구로서 기존의 생각을 깨고 새로운 시각을 갖는 데 도움이 된다. 질문을 통해 문제의 본질을 더 깊이, 더 넓게 보고, 창의적인 해결책을 도출할 수 있다. 성찰은 질문을 바탕으로 경험을 되돌아보고 학습의 교훈을 도출하는 과정이다.

④ 실행

실행은 도출된 해결책을 현실에 직접 적용하고 그 결과를 평가하는 것이다. 실행학습 참가자 또는 학습팀에게 자신들이 고안한 해결책을 직접 집행할 수 있는 권한을 부여한다.

⑤ 학습

학습은 과제를 이해하고 문제를 해결할 수 있는 지식의 습득과정이다. 참가자는 과제에 따라 다양한 지식과 기술을 얻게 되고, 문제해결 과정에서 팀 리더십, 팔로우십, 커뮤니케이션 스킬, 프레젠테이션 스킬, 갈등관리기법, 회의운영기법, 그리고 문제해결 절차 등 다양한 지식과 역량을 습득할 수 있다.

⑥ 학습 코치

학습 코치는 과제와 과제해결 과정에 대해 중립적이며 의사결정 권한이 없는 조직 내부 또는 외부의 전문가이다. 그는 학습팀의 문제해결, 의사결정, 갈등관리, 팀 관리, 학습 절차 등을 개선하고, 과제수행의 모든 과정에 대하여 체계적으로 질문하고, 피드백을 주며 성찰을 촉진한다. 학습팀이 문제 내용과 문제해결 절차 측면을 모두 학습하도록 도와주는 것이 학습 코치의 역할이다.

실행학습의 운영 절차는 관점에 따라 다양하다. 그것은 실행학습이 조직의 실제적인 문제를 다루기 때문에 조직의 문화, 특성, 과업, 조직구성원의 역량 등에 따라 다양한 절차 및 방법을 채택하게 된다.

봉현철(2006)은 학습자의 관점에서 실행학습 절차를 오리엔테이션, 실행, 회의, 그리고 발표 및 성찰 등 4개로 구분하였다([그림 6-2] 참조).

그림 6-2 프로그램 참가자 관점에서 본 실행학습 프로세스

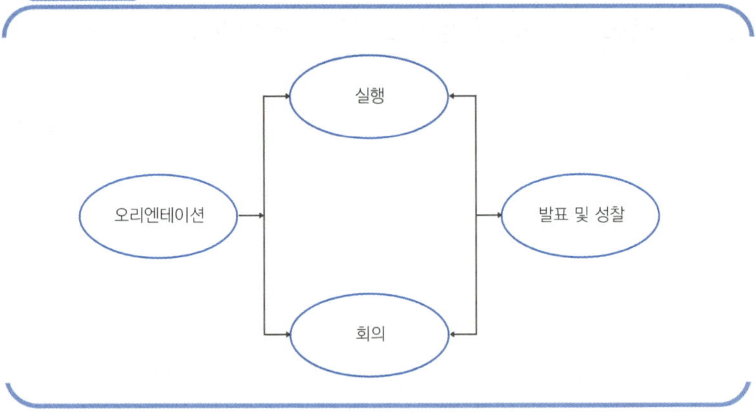

자료: 봉현철(2006), 성공적인 학습을 위한 Action Learning Workbook, 서울: 다산서고: 15 재구성.

① 오리엔테이션

실행학습의 의미를 설명하고 문제해결 절차에 관한 워크숍을 실시하며, 학습팀을 구성한 다음 협의를 통해 해결할 문제를 선정한다. 문제를 구체적으로 정의하고 수행계획을 수립한다.

② 실행

채택한 문제 이해를 위한 관련 정보를 수집하고 체계화한다. 문제를 깊이 분석하기 위해 고객요구, 경쟁사 벤치마킹, 현장조사 등 필요한 것을 조사한다. 문제의 세부 요인과 원인을 분석하고 문제해결에 필요한 다양한 활동을 구안하여 수행한다.

③ 회의

회의를 통해 문제 분석과 주요 해결 대안 작성까지 전체 절차와 업무분담을 협의하고 개인별, 팀별 실행과 실행 결과 점검 및 공유를 위한 회의를 정기적으로 연다. 회의를 통해 의견을 통합하고, 수행과정에 대해 성찰하며, 학습 포인트를 정리하고 공유한다.

④ 발표 및 성찰

학습결과를 보고서로 작성하여 제출하고, 과제수행과정과 결과를 과제 부과자 앞에서 발표한다. 문제 부과자는 문제해결 방안에 대한 피드백을 주며 노고를 칭찬하고 축하한다.

6. 종합 정리

강의법

교수자가 다수의 학습자에게 새로운 개념이나 필요한 정보를 전달할 때 주로 활용하는 강의법의 특성은 수업을 특정 주제를 중심으로 명확하고 체계적으로 구성하며, 교수자가 학습자에게 의사를 전달하는 일방적 소통이 중심이 되고, 교수자의 준비와 계획, 조정과 통제에 의존하는 것이다. 교수자는 강의를 계획할 때 학습자의 흥미와 경청을 이끌기 위해 학습자의 요구를 파악하고, 내용을 설계하고, 학습환경 조성을 고려한다. 강의 전개 절차는 다양한데 도입-전개-정리-평가를 기반으로 하는 수업계획안은 교사의 수업행동 개발에 유용하다. 그리고 권기수(2012)는 기업에서 많은 청중을 대상으로 하는 강연의 우수 강사들은 주의집중-메시지-사례제시-마무리(AMEN)의 4단계로 강의를 전개하는 것으로 확인하였다. 강의가 단조로운 지식의 주입이 아니라, 학습자와 서로 호응하며, 학습자가 학습하도록 돕기 위해서는 강의법과 학습자 중심 교수·학습법을 혼합, 병행하는 것이 좋다.

토의법

토의에서는 강의와 다르게 학습자의 발언이 권장된다. 토의 참여자는 자신의 의견과 관점을 제시하고, 다른 사람의 의견에 응답하고, 자신의 아이디어에 대해 성찰하여 토의 주제에 대한 지식과 이해의 폭을 넓힌다. 일반적으로 토의는 도입, 진행, 마무리 단계로 전개된다. 진행자가 토의를 생산적 집단 사고과정으로 이끌려면 토의 참가자의 발언을 경청하고 적절히 반응하며, 화이트보드, 플립차트와 포스트잇 등을 활용하여 토의 내용을 시각적으로 공유한다. 토의 촉진을 위해 발언 내용을 보완할 수 있는 질문, 비판적인 사고와 깊이 있는 분석을 이끄는 질문을 제기하고, 갈등이나 의견 차이를 건설적 대화로 이끈다. 토의가 경로를 벗어날 때는 부드럽게 조정한다. 토의를 정해진 시간 내에 진행하고, 토의를 마무리할 때는 참여자들이 배운 것을 반추하고 이를 업무에 어떻게 적용할지 돌아보게 한다.

프로젝트기반학습(Project Based Learning)

프로젝트기반학습(이하 PBL)은 학습자가 학습활동의 주체로 참여하여 경험을 통해 학습하는 대표적인 학습자 중심 교수·학습법이다. 직무능력개발을 위해 활용되는 PBL의 목적은 자주적, 종합적 과업수행능력의 개발에 있다. 이것은 학습 경험을 통해 학습자가 스스로 자신의 과업을 파악하고 계획하고 실행하고 평가, 보고하는 통합적 과업수행능력을 말한다. PBL 수업 전개 절차는 다양한데, 이 장에서는 직업능력개발을 위한 PBL 수업절차를 과제설정, 정보수집과 계획수립, 계획확정, 계획실행, 발표 및 평가의 5단계 모형을 예시하였다.

체계적 현장훈련(OJT)

일터에서 재직 중인 근로자가 가장 빈번하게 경험하는 교육훈련이 현장훈련(On the Job Training, 이하 OJT)이다. OJT는 근로자가 특정 업무에서 실제 경험을 쌓을 수 있고, 배운 내용을 실시간으로 적용할 수 있어서 이해가 쉽고, 결과에 대한 실시간 피드백이 가능하다. 학습과 적용의 즉각적인 연결은 자신감과 효능감을 강화한다. 현장훈련 대상 직원의 현재 지식과 필요한 지식 사이의 차이에 따라, 개인별 요구에 맞게 내용과 수준을 조정하는 개별화된 접근이 가능하다. 경험이 풍부한 동료나 선임자가 OJT 현장교사 역할을 하기에 지식과 모범 사례 공유를 촉진한다. 그리고 OJT는 현장의 시설과 인력을 활용하여 실시하므로 강의실에서 진행하는 교육훈련 방법보다 경제적이다. 중소기업에서 체제기반 OJT 제도를 도입할 때는 다음과 같이 8단계로 전개된다: ① OJT 실행을 위한 인사제도 및 교육 여건 구축, ② OJT 실시 여부 결정, ③ OJT 실시 준비 및 특성파악, ④ 대상 직무의 분석, ⑤ 트레이너 선정 및 교육, ⑥ 교재개발, ⑦ 훈련실행, ⑧ 평가 및 피드백.

실행학습(Action Learning)

실행학습은 실무현장의 문제해결이 바로 학습이 될 수 있다는 신념을 토대로 일터에서 이루어지는 교수·학습 방법이다. 집단 수준에서 '실행'과 '학습'이 동시에 이루어지려면 함께 일하는 사람들이 일에서 당면하는 문제를 함께 질문하고, 이해하고, 반성할 수 있는 공간과 시간으로서 회의가 필요하다. 요컨대 실행학습은 ① 문제, ② 학습팀, ③ 학습 코치, ④ 실행의지, ⑤ 학습, ⑥ 질문과 성찰 등 6가지 요소로 구성된다. 그리고 학습자의 관점에서 실행학습은 ① 오리엔테이션, ②실행, ③ 회의, 그리고 ④ 발표 및 성찰 등 4개 절차의 연쇄로 전개된다.

제7장

21세기의 국가인적자원개발

학습목표

❶ 국가인적자원개발의 유형인 중앙집중식 모형, 이행적 모형, 표준기반 정부주도 모형, 분권형 자유시장 모형, 사회시장경제적 모형에 대해 설명할 수 있다.

❷ 대한민국 헌법에 나타난 인적자원개발에 대한 국가의 책무를 설명할 수 있다.

❸ 국가수준의 인적자원개발 대상이 되는 정책영역을 인력형성, 인력배분, 인력활용 및 기초제도 구축으로 구분하고 각 영역별 과업을 설명할 수 있다.

❹ 국가인적자원개발 관련 법제로서 산업교육진흥 및 산학협동촉진법, 진로교육법을 설명할 수 있다.

인적자원개발의 기초

제7장

21세기의 국가인적자원개발

20세기 말 냉전 시대가 끝난 다음 많은 학자들이 새로운 현실을 맞이하면서 "이제 국가의 역할은 무엇인가" 물었다. 핵무기 대치가 종결되었으니 국방비는 줄어들 것이고, 평화를 원리로 하는 '새로운 세계 질서(New world order)'의 시대가 열릴 것을 기대한 사람도 있었고,[1] 비폭력과 평화적 공존의 시대를 기대한 사람도 있었다.[2] 혹자는 시장경제의 승리를 선포하였고(후쿠야마, 1992), 신자유주의 경제가들은 국가의 역할은 축소되고 세금은 줄어들게 될 것을 낙관하였지만 한편에서는 문명 간의 심대한 충돌과 갈등을 예언하였다(Huntington, 1998).[3] 실제로 낙관주의는 오래가지 못했다. 냉전이 종식될 무렵 이라크 전쟁의 씨앗이 된 걸프전(1990년)이 발발하였고, 고도성장을 향해 달려가던 한국을 비롯한 아시아 국가들은 "세계화의 덫"에 걸려 비싼 대가를 지

1) H. W. George Bush, (1990). "Address before a Joint Session of Congress," September 11, http://millercenter.org/president/bush/speeches/speech-3425.
2) "Gorbachev and Indian Prime Minister Hold Talks on November 19 Speeches Made at Peace Prize." in Guardian. November 21, 1988.
3) Samuel P. Huntington(1998). The Clash of Civilizations and the Remaking of World Order. Simon & Schuster: New York. January 28, pp. 7-8.

불하였다(한스-페터 마르틴·하랄드 슈만, 1996). 대외 부채를 결재할 수 없어 IMF의 개입 아래 비싼 이자로 돈을 빌리는 국가적 경제 위기가 발생하였던 것이다. 잠시 잠잠하던 세계경제는 일본의 장기불황과 2008년 리먼-브러더스 파산으로 미국발 금융위기를 맞았다. 유럽, 중국, 아시아 등 전 세계로 확산된 금융위기는 저성장과 대량 실업이라는 불황의 그늘을 몰고 왔다. 2020년초부터 세계적으로 확산된 팬데믹 코로나19는 방역을 위해 사람의 이동을 억제하고 경제활동뿐 아니라 학교교육까지 비대면으로 실시하는 상황을 초래하였다.

지속되는 위기 속에서 국가의 역할은 더욱 중요해지고 있다. 기후변화, 팬데믹, 빈발하는 재난, 날로 증가하는 테러 위험과 전쟁, 고령화, 청년실업, 고용 없는 성장, 조기정년, 노인빈곤, 소득의 양극화 앞에서 많은 사람들은 국가가 무엇인가 해주기를 기대하고 있다. 대부분의 국가는 부채에 의존하여 경기를 부양하고 사회문제에 대응하고 있지만 국민들의 불안은 높아지고만 있다. 국가가 무엇을 해야 하는가? 국가가 해야 할 일들에 대해 다양한 관점이 있고 우선순위와 의사결정을 두고 갈등이 있으나 국가가 인적자원개발에 힘을 기울여야 한다는 점에 대해서는 이견이 없다.

단일화된 세계시장에서 보다 많은 소득을 얻게 해주는 길은 높은 소득에 상응하는 능력을 갖추게 도와주는 것이다. 국민의 능력을 배양하는 것이 곧 국민 복지를 보장하는 길이다(로버트 라이시, 1993).[4] 이 장에서는 국가인적자원개발의 유형을 살펴봄으로써 사회경제적 문제와 위기에 당면하고 있는 국가들이 어떤 목표를 가지고 인적자원개발을 시행하며, 구체적으로 그 내용은 무엇인지 개관하고, 우리나라 국가인

4) 로버트 라이시는 동원의 시대와 관리의 시대를 지나 이제 인간자본의 시대가 열렸다고 하였다. 로버트 라이시, 조순문 역(1993). 미국경제의 제3의 선택-미국의 창조적 발전전략. 한국노동연구원.

적자원개발의 법적 근거, 체제와 범위 등을 살펴보고자 한다.

1. 국가인적자원개발의 유형

경제학적으로 인적자원개발은 국가의 부를 구성하는 '인적자본'의 형성과정으로 이해되었다. 국가수준의 인적자원개발을 지지한 경제학자들(Becker, 1964; Schultz, 1961; Smith, 1776)은 사람이 지니고 있는 잠재적인 능력을 교육과 훈련을 통해 발휘하도록 함으로써 생산성과 경제적 산출을 증진시킬 수 있다고 보았다. 그러나 국가가 인적자원개발을 위한 계획을 수립하고 추진하는 것의 정당성에 대해 반대 의견도 있다. 그것은 국가가 국민을 경제성장을 위해 동원하고 훈련하고 배치하는 등 도구화하는 것이 민주주의 원칙에 합당한 것인가 하는 관점과 국가가 경제성장 목표를 설정하고 인적자원개발 투자에 개입하는 등 적극적으로 개인과 기업의 경제 활동을 지도하는 것은 지나친 간섭이라는 관점이다. 국가수준의 인적자원개발이라는 용어를 금기로 생각하는 대표적 국가로 미국과 독일을 들 수 있다. 미국의 경우에는 인적자원개발은 개인과 기업의 일이라고 보는 관점이 강하기 때문에 이 용어를 제한적으로 사용한다(McLean & McLean, 2001; McLean, 2004: 269). 독일의 경우에는 국가사회주의의 폐해를 경험했기 때문에 개인이 국가적 목적을 위한 도구로 활용되는 듯한 뉘앙스에 경계심을 가지고 있다.[5]

5) 중국, 대만, 프랑스, 인도, 한국, 일본, 미국, 독일 등 12개 국가에서 인적자원개발이 어떤 의미로 이해되고 있는지를 비교 연구하였던 McLean & McLean(2001: 315-319)은 독일의 경우 기업교육이 체계화되어 있고 컨설팅이 광범위하게 이루어지고 있으나 인적자원개발이라는 용어가 없다고 하였다. 이는 이웃 프랑스만 하여도 국가수준의 인적자원개발을 중시하는 것과 매우 대조된다. 나찌정권은 폭스바겐 등 대기업

국가인적자원개발을 수용하고 정책적으로 추진하는 나라들 사이에도 인적자원개발에 국가가 개입하는 범위, 수준과 방법에는 큰 차이가 있으나 대체로 교육훈련에 대한 이해와 인적자원개발에 대한 의도를 기준으로 중앙집중식 모형(centralized NHRD), 이행적 모형(transitional NHRD), 표준기반 정부주도 모형(government-initiated NHRD), 분권형 자유시장 모형(decentralized/free-market NHRD), 그리고 사회시장경제적 모형(social-market economic model)으로 구분할 수 있다.[6)]

중앙집중식 모형은 국가수준의 인적자원개발을 위한 기획, 실행, 평가 기능이 중앙정부에 집중되어 있다. 국가가 주도하는 경제개발5개년계획을 추진하는 맥시코, 케냐, 그리고 중앙정부가 인력정책을 주도하는 중국, 폴란드 등도 중앙집중식 모형에 해당된다(Cho & McLean, 2004). 1960년대부터 1980년대 말까지의 경제개발 5개년계획을 기반으로 근대화를 추진한 과거 한국의 국가인적자원개발도 중앙집중식 모형이었다. 이 모형의 특징은 인적자원개발의 사회 경제적 기여를 중시하고 기업보다는 국가가 경제성장 정책을 주도한다는 것이다.

이행적 모형이란 중앙집중식 모형에서 표준화 모형이나 분권형 모형으로 이행하는 과정에 있는 국가의 인적자원개발을 말한다. 싱가포르, 한국 등 고도 성장기를 지나 경제 규모가 급격히 커지고 경제 성장률이 낮아지는 단계에 있는 국가의 인적자원개발 모형이다. 국가가 법률적 규제를 기반으로 의사결정을 주도하면 경제 활력에 부정적인 영

의 직업훈련을 군사훈련과 동일한 것으로 보고 훈련생에게 군사훈련을 실시하고 군막사에 수용하며 엘리트 의식을 고취하였다[Kipp(1993), pp. 209-220].

6) 조은상과 맥리앤은 국가인적자원개발의 모형을 정부의 개입 정도에 따라 중앙집중식 모형(centralized NHRD), 이행적 모형(transitional NHRD), 표준기반 정부주도 모형(government-initiated NHRD), 분권형 자유시장모형(decentralized/free-market NHRD), 작은 국가모형(small-nation NHRD) 등으로 구분하였다(Cho & McLean, 2004). 이 틀에는 많은 북유럽국가들이 표방하고 있는 '사회적 시장경제' 모형을 포함시키기가 어렵다. 그래서 카나리아제도의 몇몇 국가를 다루는 작은 국가모형 대신 중, 북유럽을 포함할 수 있는 사회시장경제모형을 다루고자 한다.

향을 미칠 수 있고 이해 당사자 사이의 갈등이 일어날 수 있기 때문에 노사정의 참여에 의해 국가인적자원개발 정책을 조정하고 여러 부처 간의 중복과 갈등을 중앙정부의 주무부처에서 조정하는 것이 특징이다 (Cho & McLean, 2004).

표준기반 정부주도 모형의 대표적인 국가는 영국과 오스트레일리아, 남아프리카공화국 등 영연방국가들(Common Wealth Realm)이다. 이들 국가에서는 정부가 시장에서 이루어지는 다양한 인적자원개발 활동을 포용하되 노동시장의 미스매치나 저숙련 순환 고리 함정에 정체되어 있는 문제를 극복하기 위한 직무능력 표준 및 국가자격제도(National Vocational Qualification, NVQ)를 확립하는데 앞장섰다. 예를 들어 영국의 경우, 산업분야별 숙련기술위원회(sector skill councils)를 구성하여 직무능력표준을 개발하고 이를 형식교육을 통한 직업기술교육이나 민간부문의 기술훈련 혹은 직무현장의 도제제도 등 다양한 인적자원개발 활동의 지표가 되도록 한다(https://www.gov.uk/browse/education/find-course; Cho & McLean, 2004). 지역별로 운영되는 학습 및 숙련기술위원회(learning and skill councils)는 사업주, 학습프로그램 공급자(사설학원, 민간 직업훈련원 등), 지역사회 집단으로 구성되어 대학에 진학하지 않는 청소년들을 위한 교육훈련 프로그램에 지역사회 노동시장의 인적자원개발 요구가 반영되도록 노력한다. 최근 대한민국은 NCS를 인력형성, 배분, 활용을 위한 기반으로 도입하는 등 표준기반 정부주도 모형의 특장점을 도입하고 있다.

분권형 자유시장 모형은 인적자원개발의 추진력이 자유경쟁 시장에서 이루어지는 기업활동에서 나온다고 믿고 국가가 개입하지 않는다. 이 모형으로 구분되는 대표적인 국가는 미국과 캐나다이다. 개인주의적 자유 시장 경쟁체제에서 개개인이 자신의 능력개발과 성장에 대해 책임을 진다. 중앙 및 지방정부는 그 역할을 실업자, 저소득 빈곤층 등 사회적 취약계층을 위한 직업교육 및 훈련을 제공하는 것에 제한한다. 미국의 경우 실업자 직업훈련을 지원하는 정부의 활동은 인력투자법(workforce investment act)을 기반으로 운영된다(Cho & McLean, 2004). 인력투자법은 취업을 희망하거나 고용상태를 개선하고자 하는 사람들에게 직업탐색 및 교육훈련기회를 제공하는 것을 목적으로 하며 "One-Stop delivery system"을 운영한다(Bradley, 2013).[7)]

사회시장경제적 모형은 중북부 유럽국가들의 교육훈련 및 인적자원개발 모형으로 교육훈련에 수반되는 비용을 사회가 부담하는 것이 특징이다.[8)] 초중고 교육뿐만 아니라 고등교육도 예외적인 사립대학을 제외하고는 등록금이 없거나 소액이다. 뿐만 아니라 기업이 제공하는 직업훈련 이수자는 정규근로자 임금의 1/3 정도에 해당하는 훈련수당을 기업으로부터 받는다. 독일, 프랑스, 오스트리아 그리고 스웨덴, 핀란드, 노르웨이 등은 자본주의 시장경제를 기반으로 하되 시장질서가 독점이나 카르텔 형성을 지양하고 공정하게 작동하도록 사회적 개입이 필요하다고 본다. 이들 국가에서는 조세에 의한 소득의 분배 정의의 구현, 경제활동 참여를 통한 가치창출 기여에 대한 적정 보상이 이루어지는 임금정책, 보편적 연금보험, 의료보험, 실업보험 등을 통한 사회 안전망 구축, 그리고 교육에 대한 보편적 권리를 균등하게 보장하는 교육제도 운영 등에 국가가 관여한다. 이들은 유엔의 인간개발지수[9)] 순위에서 최상위 국가군에 해당한다. 핀란드가 국가 단위로는 유

7) Bradley, David H. (2013). The Workforce Investment Act and the One-Stop Delivery System. Washington, Congressional Research Service.

8) Esping-Anderson(1990)은 복지자본주의 국가를 미국과 캐나다, 영국 등의 자유주의, 독일, 프랑스, 벨기에, 오스트리아, 이탈리아 등의 보수주의, 스웨덴, 노르웨이, 덴마크, 핀란드, 네덜란드 등의 사회주의 등 3개 군으로 분류하였다. 본서의 사회시장경제 모형은 에스핑엔더슨의 구분에 의한 보수주의 국가와 사회주의국가를 함께 묶은 것이다.

9) 2020년도 인간개발지수(Human Development Index) 순위는 1. 노르웨이, 2. 아일랜드와 스위스, 4. 홍콩과 아이슬랜드, 6. 독일, 7. 스웨덴, 8. 네덜란드와 오스트레일리아, 10. 덴마크 등이었고 한국은 23위였다(http://hdr.undp.org/en/humandev 참조).

럽 최초로 2017년부터 '기본소득제' 실험을 시작했다.10)

2. 대한민국 국가인적자원개발의 헌법적 기초

대한민국의 헌법은 개인의 권리를 보장하는 차원과 경제발전을 위한 노력의 차원에서 인적자원개발을 국가의 책임으로 정하고 있다. 먼저 헌법의 이념을 담고 있는 전문(제1장 제1절 p. 6 참조)은 아래와 같이 국민 개인이 균등한 기회를 누리며 능력을 최고도로 발휘하는 사회를 지향한다고 선포하고 있다.

> "… 정치·경제·사회·문화의 모든 영역에 있어서 각인의 기회를 균등히 하고, 능력을 최고도로 발휘하게 하며, 자유와 권리에 따르는 책임과 의무를 완수하게 하여, 안으로는 국민생활의 균등한 향상을 기하고 밖으로는 항구적인 세계평화와 인류공영에 이바지함으로써 […](대한민국 헌법 전문)."

헌법 제15조는 모든 국민은 "직업선택의 자유를 가진다"고 밝히고 있으며, 제31조는 "모든 국민은 능력에 따라 균등하게 교육을 받을 권리를 가진다(제1항)"고 하였고, "교육의 자주성·전문성·정치적 중립성 및 대학의 자율성을 법률로 보장"해야 하고(제4항), "국가는 평생교육을 진흥하여야 한다"(제5항)고 하였다. 그리고 헌법은 경제에 관한 국가의 책무를 정하고 국가는 과학기술 인력의 개발을 통해 국민경제 발전을 위해 노력해야 함을 다음과 같이 천명한다.

"국가는 과학기술의 혁신과 정보 및 인력의 개발을 통하여 국민경제의 발

---

10) 핀란드 사회복지국(KELA)은 2017년 1월부터 복지수당을 받는 생산 가능인구 중 무작위로 선정한 실업자 2,000명에게 향후 2년간 매달 560유로(약 71만원)를 조건없이 지급한다(http://www.hani.co.kr/arti/international/international_general/777202.html).

전에 노력하여야 한다(헌법 제127조 제1항)."

요컨대 인적자원개발의 관점에서 보면, 헌법의 정신은 직업선택의 자유(헌법 제15조), 능력에 따라 균등한 교육을 받을 권리(헌법 제31조), 근로의 권리와 근로의 의무(헌법 제32조)를 가진 개인이 능력을 최고도로 발휘하여 본인의 자유와 권리에 따른 책임과 의무를 완수하는 것이다. 국가가 인적자원개발을 위한 정책을 수립하고 예산을 투입하여 제도를 운영하는 것은 국민의 직업선택의 자유를 구체적으로 보장하고 교육을 받을 권리와 근로를 통해 자신의 능력을 최대한 발휘할 권리를 보장하기 위한 것이다. 그리고 과학기술 인력의 개발은 국민경제발전을 위한 국가의 책무중 하나로 선언되었다.

국가의 인적자원개발에 대한 책무는 국가가 경제발전 계획을 수립하고 근대화를 추진하던 1960년대부터 중시되었다. 경제개발5개년계획이 연속적으로 추진되었던 시기(1962-1991)의 인적자원개발은 경제정책의 하위 영역으로서 투자 계획에 따라 예측되는 수요인력을 공급하는 기능을 담당하였다. 1992년 국가수준의 경제개발계획은 신경제개발계획이라는 이름으로 바뀌어 추진되었으나 종전과 같이 구체적인 목표와 지표를 수립하고 정부가 적극적으로 개입한 것은 아니었다. 인적자원개발이 국가적 관심사로 다시 떠오르게 된 것은 경제위기 극복의 책무를 가지고 출발한 김대중 정부(1998. 2.-2002. 2.)에서다. 김대중 정부는 교육부를 교육인적자원부로 개칭하고 교육부 장관을 부총리로 격상하여 여러 부처에서 수행하는 인적자원개발을 총괄 조정하는 기능을 부여하였고 인적자원개발기본법을 제정하였다.

김대중 정부의 범국가적 인적자원개발정책을 추진한 배후의 문제인식은 21세기로 전환하면서 세계가 빠르게 지식기반사회로 이행하고 있고 국가경쟁력의 원천이 물적 자원과 육체노동에서 지식의 힘으로 변화하고 있는데, 한국은 지식기반 사회 도래에 대한 대응이 선진국에 비해 뒤져있다는 것이었다. "향후 5년 정도가 선도적 지식국가로의 이행가능 여부를 판가름하는 중요한 시기이며 여기서 개혁을 완성하지 못하고 지체할 경우 세계적 변화의 물결을 타지 못하고 뒤처질 우려가 있다(국가인적자원개발기본계획, 2001: 12)"는 긴박한 현실인식에서 비롯되었다. 인적자원개발정책의 비전을 경쟁력 있는 국민, 서로 신뢰하는 사회에 두고 국민 개개인의 기초역량을 강화하고, 사회적 신뢰구축과 결속을 강화하며, 인적자원을 통한 새로운 성장 동력을 창출하고자 한 것이었다.

3. 국가인적자원개발의 영역과 기능

각 국가마다 사회, 문화적 전통과 정치, 경제 제도가 다르듯이 인적자원개발의 영역과 기능도 다르다. 한국은 국가수준의 인적자원개발을 헌법에 명시하였을 뿐 아니라 국가 정책의 중요 영역으로 채택하고 있다. 한국은 산업화를 신속하게 따라잡은 동아시아의 일본, 싱가포르, 타이완 등과 같이 산업화 초기 국가가 산업발전의 방향을 설정하고 투자를 총괄 지휘하며 그에 따라 요구되는 인적자원을 육성하고 배분하는 데 적극적으로 관여하였던 특징을 공유하고 있다. 우리나라에서는 국가수준의 인적자원개발 대상이 되는 정책 영역을 인력형성, 인력배분, 인력 활용 및 기초 제도 구축으로 구분한다.

인적자원의 형성은 숙련형성을 담당하는 직업교육, 고등교육, 직업훈련 등을 통해 이루어진다. 인적자원의 배분과 관련된 국가의 책무는 인력수급의 중장기 전망, 진로교육, 학교-일 이행(school to work transition) 지원, 취업정보, 취업상담 및 알선, 노동력 이동의 관찰과 조

그림 7-1 국가인적자원개발의 영역간 관계

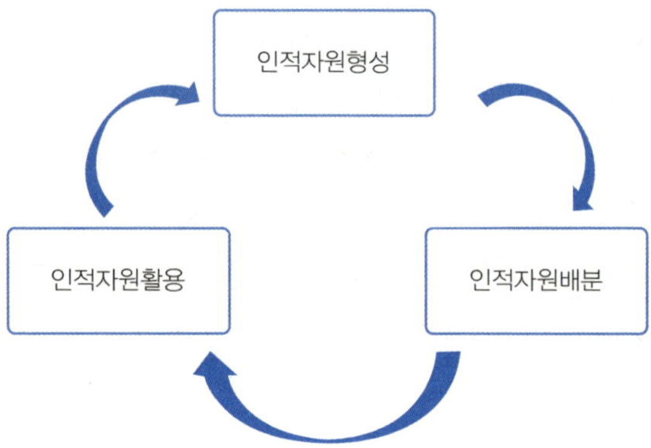

절 등이다. 인적자원의 활용과 관련된 영역은 기업조직이나 비영리 기관에 종사하는 근로자를 대상으로 교육훈련 및 학습을 촉진하고 승진, 전보, 다기능화 등 내부노동시장을 활성화하는 정책 영역을 말한다. 기타 인적자원개발과 관련된 기초 제도에는 초중등교육을 포함한 정규교육제도, 산학협동 촉진을 위한 제도, 다양한 자격제도, 직업능력표준의 설정과 운영, 교육훈련 및 노동시장 정보인프라 확립, 사회적 신뢰와 파트너십으로서 조직과 조직, 정부와 정부, 정부와 민간 등의 네트워크 확립, 그리고 고용보험, 건강보험, 산업재해보험 등 사회보장제도 등이 있다([그림 7-1] 참조).

3.1 인적자원의 형성

인적자원개발의 대표적인 기능은 어떤 일의 미숙련자를 숙련자로 이끄는 과정이다. 자동차 운전면허 과정은 자동차 운전에 대해 아무것도 모르던 사람이 일련의 경험과 학습활동을 통해 자동차 운전을 할 수 있게 해주는 하나의 인적자원개발 방식이다. 숙련이란 직무 수행과 관련된 지식, 기능, 태도를 습득하여 해당직무를 일정수준 이상의 정교성과 속도로 수행하는 것을 말한다.

인적자원, 즉 숙련의 형성을 목표로 이루어지는 인적자원개발 기관에는 중등교육수준의 직업교육을 실시하는 특성화고등학교와 산업수요맞춤형고등학교, 고등기술학교, 고등교육수준의 직업교육을 실시하는 전문대학, 폴리텍대학 등이 있다. 최근 추세로는 산업계 인력수요에 부응하는 취업 준비를 목적으로 하는 다수의 4년제 대학들도 숙련형성 과정으로 볼 수 있다.

3.1.1 중등교육수준의 직업교육기관

중등교육 수준의 직업교육을 실시하는 학교에는 특성화고등학교, 산업수요맞춤형고등학교(마이스터고등학교), 고등기술학교 등이 있다.

특성화고등학교

특성화고등학교는 "소질과 적성 및 능력이 유사한 학생을 대상으로 특정분야의 인재양성을 목적으로 하는 교육 또는 자연현장실습 등 체험위주의 교육을 전문적으로 실시하는 고등학교"이다(초중등교육법시행령 제91조).[11] 특성화고등학교는 학생의 다양한 재능과 소질에 적합한 교육을 위해 전통적인 공업, 상업, 농업 분야 외에 영상제작, 관광, 통역, 금은보석 세공, 인터넷 멀티미디어, 공예, 디자인, 패션, 보건, 미용, 자동차, 만화, 애니메이션, 조리, 디지털 미디어, 게임, 물류유통,

11) 종전에는 고등학교교육을 일반계와 실업계 혹은 전문계(2007년 이후)로 구분하여, 실업계 혹은 전문계 고등학교에서 직업교육을 실시하였으나 2009년 이후 교육과정상의 이러한 학교 유형 구분은 없어지고, 차차 특성화 고등학교로 전환하여 2012년에 모든 전문계 고등학교가 특성화고등학교로 전환되었다. '19년 고등학교 유형별 현황을 보면 직업계 특성화고(직업) 463개교, 산업수요맞춤형고 47개교이다(2019 교육기본통계).

금융, 경영 및 마케팅 등 폭넓은 직업 분야 교육을 실시하고 있다.

산업수요맞춤형고등학교

산업수요맞춤형고등학교란 일명 마이스터고등학교라고도 칭해진다. 초·중등교육법시행령 제90조 제1항 제10호에 정의된 산업수요맞춤형고등학교는 특수목적 고등학교의 한 종류로서 산업계의 수요에 직접 연계된 맞춤형 교육과정 운영을 목적으로 한다. 2010년 3월 2일부터 운영 중에 있으며, 졸업생들에게는 우수기업 취직 및 특기를 살린 군복무, 직장생활과 병행 가능한 대학교육 기회 등이 우선적으로 제공된다.

고등기술학교

고등기술학교는 중학교나 고등공민학교를 졸업한 사람들에게 실제 직업에 필요한 기술교육을 실시하는 학교이다. 고등학교 과정에 준하며, 수업 연한은 1-3년이다. 이 학교들은 고등학교 과정 외에 1년 이상 교육이 가능한 전공과를 설치할 수가 있다. 2021년 현재 전국에는 부산국제영화고등학교, 풀무농업고등기술학교, 한국제과학교 등 7개의 고등기술학교가 있다.

3.1.2 고등교육 수준의 직업교육기관

고등교육 수준의 직업교육을 실시하는 기관으로는 전문대학과 폴리텍대학이 있다.

전문대학

전문대학은 2021학년도 현재, 학교 수 135개교, 입학정원 19만 8천여 명으로 우리나라 고등교육의 2/5를 점하는 막중한 비중을 차지하고 있다.[12] 전문대학은 고등교육의 보편화와 지식정보화에 대응하여

---

12) 교육통계서비스, http://kess.kedi.re.kr/index 참조.

산업계의 요구를 수용하고 교육을 내실화하는 데 역점을 두고 있다. 전문대학은 4년제 대학에 비하여 경제적 부담이 적고 산업계가 요구하는 다양한 전문적 인재를 양성, 공급하며, 성인들을 위한 평생직업교육 기회를 제공한다. 전문대학교육협의회에 의하면, 전문대학의 역할은 지식정보사회에 부응할 수 있는 전문직업인 양성, 기술인력의 생산성 향상, 현직 종사자의 자질향상을 위한 재교육 및 평생교육 실시 등이다. 평생학습촉진 측면에서 전문대학은 졸업자의 계속교육을 위한 학사학위 전공심화과정도 운영한다.

폴리텍대학

폴리텍대학[13]은 국민평생직업능력개발법에 의한 "기능대학"이다. 폴리텍 대학은 고등교육법에 따른 전문대학과 동등한 학위과정인 다기능기술자 과정과 학위전공심화 과정을 운영하면서 직업훈련 과정을 병설 운영한다(국민평생직업능력개발법 제2조 제5항). 국가, 지방자치단체 또는 「사립학교법」에 따른 학교법인(이하 "학교법인"이라 한다)은 산업현장에서 필요로 하는 인력을 양성하고 근로자의 직업능력개발을 지원하기 위하여 기능대학을 설립·경영할 수 있다(국민평생직업능력개발법 제39조). 기능대학은 전문대학과 동등한 학위 과정 외에 기능장 과정, 직업능력개발훈련 과정, 그 밖의 재직근로자나 실업자 등을 위한 다양한 교육훈련 과정 등을 실시한다(국민평생직업능력개발법 제40조). 다기능기술자 과정은 둘 이상의 직종에 관한 기능과 지식을 보유하게 함으로써 제품의 개발로부터 제작에 이르는 여러 공정중 필요한 곳에 유연하게 투입하여 생산성 향상과 기술적 문제의 해결에 기여할 수 있는 인력을 양성하기 위한 교육훈련 과정이다. 학위전공심화 과정은 기능대학 또는 전문대학을 졸업한 사람의 계속교육을 촉신·시원하고 학사학위를

13) http://www.kopo.ac.kr/ 참조.

수여하는 과정이다. 학위전공심화과정에 입학할 수 있는 사람은 같은 계열의 기능대학 또는 전문대학을 졸업한 사람으로서 관련 분야에서 재직한 경력이 있는 사람으로 한다. 기능장 과정은 전공 분야의 최상급 숙련기능 및 생산관리 기법에 관한 지식을 보유함으로써 작업관리 및 소속 기능인의 지도·감독 등의 업무를 수행하는 생산현장의 중간관리자를 양성하기 위한 직업훈련 과정이다.

이상에서 우리는 인적자원의 형성을 담당하는 형식교육 영역의 학교를 살펴보았다. 우리나라는 초중등교육, 고등교육 등 형식교육 참여율이 매우 높기 때문에 인적자원의 형성에서 학교교육은 절대적인 비중을 차지한다. 교육기간, 교육과정 및 교육내용 편성, 평가와 자격 부여 등에서 법과 제도의 규제를 받는 형식교육과는 달리 노동시장의 요구에 따라 인적자원을 개발하는 비형식 교육 부문이 있다. 인력형성에 있어서 비형식 교육을 실시하는 대표적인 것이 직업능력개발훈련제도이다. 이에 대해서는 다음 제8장에서 상세히 다루고자 한다.

3.2 인적자원의 배분

인적자원의 배분은 주로 구직자와 구인자가 만나는 노동시장에서 이루어진다. 국가수준에서는 인적자원의 수급과 관련한 장기 수급 예측이나 학교에서 노동시장으로의 이행, 노동시장에서 노동력의 이동, 실업 등 여러 가지 노동과 고용문제를 포괄한다. 상품시장도 독과점이나 매점 매석 등으로 시장 기재가 실패하는 경우가 많이 있지만 노동시장에서는 노동력을 판매하는 것은 구인 구직 정보의 제한성, 근로자 자신을 판매하는 것이 불가능함에도 불구하고 노동력과 근로자의 분리 불가능성, 오늘 사용하지 않았다고 내일 2배로 제공할 수가 없다는 의미에서의 비축불가능성, 연고에 의한 고용관행 등 노동력 상품이 갖는 특성으로 인하여 특수한 노동문제가 발생한다(배무기, 2005). 따라서 최저임금위원회, 노동위원회 등 국가의 조정자 역할이 매우 중요하다.

앞서 언급한 바와 같이 인적자원의 배분과 관련된 국가의 책무는 인력수급의 중장기 전망, 진로교육, 학교-일 이행(school to work transition) 지원, 취업정보, 취업상담 및 알선, 노동력 이동의 관찰과 조절 등이다. 이러한 책무를 이행하기 위해 고용노동부는 고용정보원, 고용정보원 부설 JOB WORLD, 고용복지플러스(+)센터, 워크넷 등을 설치, 운영하고 있다. 특히 고용노동부와 한국고용정보원이 운영하는 워크넷(www.work.go.kr)은 1998년서비스를 개시한 이래 많은 경험을 축적하고 개선하여 다양한 구직·구인정보와 직업·진로정보를 제공하는 공신력 있는 공공 취업정보 사이트이다. 민간취업포털과 지자체 일자리정보를 워크넷 한 곳에서 쉽고 빠르게 검색할 수 있도록 통합일자리서비스를 제공하며 지역워크넷, 정부지원 일자리, 시간선택제, 강소기업 등과 연결되고 모바일 서비스를 제공하여 PC 외에도 스마트폰, 태블릿 PC등을 이용하여 언제 어디서나 이용할 수 있다.

3.3 인적자원의 활용

국가수준에서 인적자원의 활용이란 시간적으로 직업준비를 위한 학교교육이나 직업준비를 비형식 교육훈련을 마치고 노동시장에 진출하여 구직활동을 하는 시점부터 은퇴시기까지 이루어지는 근로자의 경제활동 기간을 말한다. 경제사회 환경의 변화와 더불어 급속한 시장과 기술 변화, 작업조직 변화 등으로 경제활동을 지속하기 위해서는 지속적인 능력개발과 평생 학습이 요구된다. 인적자원 활용 시기는 개인차원에서 말하자면 경제활동기(15세-65세)에 해당한다. 이 시기에 있는 근로자의 인적자원개발 방법은 고용주인 기업이 주도하는 방식, 개인이 기업 밖에서 시행하는 교육, 훈련 프로그램에 참여하는 방식, 실업자나 은퇴준비자 등을 위해 공공부문에서 제공하는 프로그램에 의한 인적자원개발 등 다양하다.

인적자원의 활용 단계에서 기업이나 공공기관이 주도하는 인적자원개발이란 적절한 경험과 교육을 제공하여 채용한 근로자에게 내재된 역량을 지속적으로 개발하고 숙련도를 높이는 것과 관련된다. 이를 경제학적으로는 내부노동시장의 형성과 활성화라고도 한다. 기업이 장기적인 고용관계를 유지하면서 내부의 승진 사다리에 의하여 내부구성원 간의 경쟁을 통한 인적자원을 관리하면, 근로자 스스로 자기 능력을 개발하는 동기를 부여할 수 있고, 기업 고유의 특화가 요구되는 숙련기술과 리더십을 갖춘 우수한 인력을 충원할 수 있는 기회도 얻을 수 있다(김형만, 2005: 68).

인적자원의 활용 시기에 개인의 주도하에 이루어지는 인적자원개발은 형식교육을 이수하거나 비형식 교육을 이수하는 것으로 구분할 수 있다. 형식교육에 참여하는 경우에는 자신의 직업능력개발과 관련된 방송대학교, 일-학습 병행 과정이나 전문대학원에 진학하는 등 학교 교육으로 되돌아와 교육을 받는 것이다. 이를 순환교육(recurrent education)이라고도 한다. 정부에서는 순환교육을 장려하기 위해 고등학교 졸업학력의 근로자들을 위한 일-학습 병행 학사학위과정 제도를 정립하고 온라인 교육 등을 활성화하고 있다. 개인이 경제활동 시기에 자신의 능력개발을 지속하기 위해 활용할 수 있는 비형식교육영역은 기계가공, 용접, 건설, 컴퓨터, 어학, 상담, 조리, 예체능 분야 등 직업능력을 개발하는 근로자직업능력개발법에 의한 직업전문학교 등 직업능력개발훈련기관, 평생교육을 실시하는 학원, 평생교육법에 의한 평생교육기관 등이 이에 해당된다. 근로자직업능력개발법은 근로자의 생애에 걸친 직업능력개발을 촉진·지원하고 산업현장에서 필요로 하는 기술·기능 인력을 양성하며 산학협력 등에 관한 사업을 수행함으로써 근로자의 고용촉진·고용안정 및 사회·경제적 지위 향상과 기업의 생산성 향상을 도모하고 사회·경제의 발전에 이바지함을 목적으로 한다(근로자직업능력개발법 제1조). 직업능력개발훈련이란 근로자에게 직업에 필요한 직무수행능력을 습득·향상시키기 위하여 실시하는 훈련을 말한다. 직업능력개발훈련에 대해서는 제8장에서 상세하게 다룬다.

3.4 인적자원개발을 위한 사회적 자본

사회적 자본은 물적자본이나 인적자본과 마찬가지로 그것이 없이는 할 수 없는 무엇인가를 가능하게 하는 특성을 가지고 있다. 로버트 퍼트넘(Putnam, 2000)은 사회적 자본이란 사회적 네트워크가 중요하다는 것을 전제하는 개념으로서 신뢰, 상호지원 관계, 정보의 공유, 협동 등으로부터 나오는 광범위한 유익이라고 하였다. 예를 들어 사회석 네트워크를 통한 취업정보, 사무실 운영을 위한 구직자 정보, 대학에서의 학문적 아이디어 등 정보의 공유는 창발적 가치 창출로 이어질 수 있다. 어려움에 봉착했을 때 가족 간, 친구 간, 동료 간, 같은 질환을 가지고 있는 환자들 간, 학부모들 간 상호지원 관계 유지와 집단적 활동은 삶에 새로운 에너지원이 될 수 있다.[14] 콜먼은 사람과 사람 사이의 관계의 변화에 의해 창출되는 사회적 자본은 인적자본보다도 더 관찰이 어렵다고 하였다(Coleman, 1988).

"물적자본이 물질적 재료를 변형하여 만든 생산 공구들인 것처럼 인적자본은 사람 속에 있는 무엇인가를 변화시켜 그들이 새로운 방법으로 행동할 수 있게 하는 숙련과 역량이다. 사회적 자본은 사람과 사람 사이의 관계의

14) https://www.hks.harvard.edu/programs/saguaro/about-social-capital.

변화에 의해 창출된다. 물적자본이 관찰 가능한 가시적인 형상을 지닌다면 인적자본은 외적으로 관찰하기가 어렵다. 사회적 자본은 사람 간의 관계이기 때문에 관찰하기가 더욱 어렵다(Coleman, 1988: 100-101)".

콜먼은 중등교육 이수 학생의 중도탈락과 관련된 사회적 자본을 가족과 관련된 재정적 측면, 인적자본, 가족구성원간의 관계 등에서 확인하였고, 가족 밖의 인간관계로서 친구 및 사회적 네트워크, 그리고 지역사회의 공공서비스 등을 확인하였다(Coleman, 1988). 신뢰와 시민의식 등의 사회적 자본은 소득수준이 높을수록, 소득평등화 수준이 높을수록 높게 나타났다. 사회적 자본 수준이 높은 나라에서는 사업주의 약탈적 사용행위를 제한하는 법과 제도가 있고, 교육수준이 높고 민족적 동일성이 높았다. 그리고 신뢰 사회는 혁신과 물적자본의 축적에 대한 인센티브가 높을 뿐 아니라 인적자본의 축적에 대한 회수율도 더 높았다(Knack & Keeper, 1997).

4. 국가인적자원개발 관련법

국가 차원에서 개인과 조직이 인적자원개발을 활발하게 하도록 돕기 위해 혹은 인적자원개발에 직, 간접적인 영향을 미치는 여러 가지 제도를 확립하고 운영하고 있다. 특히 고용 및 노동과 관련하여 중요한 제도의 근거가 되는 산업교육진흥 및 산학협력촉진 관련법, 진로교육법, 국가직무능력표준, 국가자격법, 숙련기술장려법, 국민평생직업능력개발법, 고용보험법 등이 있다. 다음에서는 산업교육진흥 및 산학연협력법과 진로교육법을 살펴보며, 국가직무능력표준 및 국가자격법에 대해서는 제8장에서 직업능력개발훈련과 함께 살펴보도록 한다.

4.1 산업교육진흥 및 산학연협력촉진에 관한 법률

산업교육진흥 및 산학연협력촉진에 관한 법률(이하 '산학연협력법'이라 칭함)은 산업교육을 진흥하고 산학연(産學硏) 협력을 촉진하여 교육과 연구의 연계를 기반으로 산업사회의 요구에 따르는 창의적인 산업인력을 양성하며, 효율적인 연구개발 체제를 구축하고, 나아가 산업발전에 필요한 새로운 지식·기술을 개발·보급·확산·사업화함으로써 지역사회와 국가의 발전에 이바지함을 목적으로 제정되었다(산학연협력법 제1조). 이 법에서 말하는 "산업교육"이란 산업교육기관이 학생에 대하여 산업에 종사하는 데에 필요한 지식과 기술 등을 습득시키기 위한 교육을 말한다.

산업교육의 진흥과 산학연협력의 촉진을 위하여 국가가 해야 할 일은 다음과 같다: 산업교육 진흥 종합계획의 수립·시행, 산업교육기관의 설립·경영, 산업교육에 필요한 시설·설비의 확충 및 정비, 산업교육에 필요한 현장 실습계획의 수립·시행, 산업교원 연수계획의 수립·시행, 산업교육기관 졸업생의 취업 알선과 그들의 기술 향상을 위한 교육에 관한 계획의 수립·시행, 산학연협력을 촉진하기 위한 시책의 수립·시행 및 그 밖에 산업교육의 진흥과 산학연협력의 촉진에 필요한 사항을 실행하여야 한다. 산학연협력을 촉진하기 위한 시책에는 산학연협력촉진의 중기·장기 정책목표 및 기본방향, 산업인력의 양성 및 활용, 산학연 간 인력 유동성 촉진, 산학연 간 협력연구의 활성화, 산학연 간 기술이전 및 사업화 촉진, 산학연 간 연구 시설·장비의 공동활용 및 연구개발정보의 교류 지원 등이 있다(동법 제4조).

국가와 지방자치단체는 그가 설립·경영하는 산업교육기관의 실험·실습을 위하여 예산을 편성하고 배정할 때에 산업교육이 효율적으로 진흥될 수 있도록 배려하여야 한다. 교육부장관은 산업기술인력의 양성을 위하여 기업의 수요에 부합하는 기술인력의 양성체제 구축, 산학연협력 활성화를 통한 우수인력의 양성체제 구축, 산학연협력을 촉진하는 교육 개편 지원, 산업기술 관련 미래 유망분야의 기술인력 양성, 지역 발전을 선도할 수 있는 기술인력의 양성, 기술인력의 재교육 등의 시책을 수립·추진할 수 있다(동법 제11조2). 국가와 지방자치단체는 앞에 제시된 시책을 추진하기 위하여 연구기관, 대학, 그 밖에 대통령령으로 정하는 기관·단체 등이 사업을 수행할 때 드는 비용의 전부 또는 일부를 출연하거나 보조할 수 있다. 이러한 시책의 사례로서 교육부는 산학협력선도대학을 지정하여 육성하고 있다. 산학협력선도대학육성사업은 영문으로 LINC(Leaders in INdustry-university Cooperation) 라고 칭한다. 이 사업의 목적은 다양한 산학협력 선도모델의 창출과 확산으로 우수인력 양성과 기술혁신을 지원하는 데 있다.

4.2 진로교육법

우리 교육은 대학 입학을 목표로 하는 입시준비교육이 너무 강하여 학생들이 자신의 소질과 적성을 발굴하고 자신의 미래를 창의적으로 개척해 가는 힘을 기르는 데 소홀하다는 비판을 받아 왔다. 이러한 문제점을 인식하고 극복하기 위한 방안의 하나로 2015년에 진로교육법이 제정되었다.[15] 진로교육법은 학생에게 다양한 진로교육 기회를 제공함으로써 변화하는 직업세계에 능동적으로 대처하고 학생의 소질과 적성을 최대한 실현하여 국민의 행복한 삶과 경제 사회 발전에 기여함을 목적으로 한다(진로교육법 제1조). 이 법에서 말하는 진로교육이란 국가 및 지방자치단체 등이 학생에게 자신의 소질과 적성을 바탕으로

---

15) 진로교육법[법률 제13336호, 2015. 6. 22. 제정, 2015. 12. 23. 시행].

직업 세계를 이해하고 자신의 진로를 탐색·설계할 수 있도록 학교와 지역사회의 협력을 통하여 진로수업, 진로심리검사, 진로상담, 진로정보 제공, 진로체험, 취업지원 등을 제공하는 활동을 말한다.

진로교육법의 제안 취지를 보면 진로교육을 통해 개인의 소질과 적성을 바탕으로 자신의 진로를 창의적으로 개발하고 지속적으로 발전시켜 성숙한 민주시민으로서 행복한 삶을 준비할 수 있는 역량의 함양이 필요하고, 다양한 진로 체험 및 상담 기능 확대, 그리고 지역 사회와의 연계를 통한 진로교육 협력체계의 법적·제도적인 확립이 시급히 요구되기 때문에 이 법의 제정을 제안하였다 한다.[16] 진로교육법 제정 이유에 나타난 이 법의 입법취지와 주요 내용은 다음과 같다.[17]

① 국가 및 지방자치단체는 학생의 발달단계 및 소질과 적성에 맞는 진로교육을 활성화하는 데 필요한 시책을 마련하고, 중앙행정기관, 지방자치단체, 공공기관 및 지방공기업 등에게 진로체험 기회를 제공할 의무를 부여함(제5조).

② 교육부장관과 교육감은 초·중등학교 학생의 발달 단계 및 학교의 종류에 따른 진로교육의 목표와 성취기준을 설정하고 이를 교육과정에 반영하도록 함(제8조).

③ 교육부장관과 교육감은 초·중등학교에 학생의 진로교육을 전담하는 교사를 두고, 진로전담교사를 지원하는 전문인력을 둘 수 있도록 함(제9조).

④ 「초·중등교육법」 제24조에도 불구하고 교육감은 특정 학년 또는 학기를 정하여 진로체험 교육과정을 집중적으로 운영하는 진로교육 집중학년·학기제를 운영할 수 있도록 함(제13조).

---

16) 진로교육법 제4조(진로교육의 원칙) 참조.
17) http://law.go.kr/lsInfoP.do?lsiSeq=172382&lsId=&efYd=20151223&chrClsCd=010202&urlMode=lsEfInfoR&viewCls=lsRvsDocInfoR#0000.

⑤ 교육부장관은 진로교육 지원을 위하여 전담기관을 지정하여 국가진로교육센터로 운영하고 그 업무 수행에 필요한 경비를 지원할 수 있고, 교육감은 지역실정에 맞는 진로정보 제공 등을 수행하는 지역진로교육센터를 설치·운영할 수 있도록 함(제15조 및 제16조). 여기에서 진로정보란 학생이 진로를 선택할 때 필요로 하는 정보로 개인에 대한 정보, 직업에 대한 정보, 노동시장을 포함한 사회 환경에 대한 정보 등을 말함.

⑥ 교육부장관은 학생에게 무료로 진로체험 기회를 제공하는 진로체험기관을 교육기부 진로체험기관으로 인증할 수 있도록 함(제19조). 여기에서 진로체험이란 학생이 직업 현장을 방문하여 직업인과의 대화, 견학 및 체험을 하는 직업체험과, 진로캠프·진로특강 등 학교 내외의 진로교육 프로그램에 참여하는 활동을 말함.

5. 종합 정리

이 장에서는 국가인적자원개발의 유형 검토를 통해 경제 사회적 문제와 위기에 당면하고 있는 국가들이 어떤 동기와 목적을 가지고 국가차원의 인적자원개발을 시행하며, 구체적으로 무엇을 어떻게 하는지에 대해 개관하고, 우리나라의 국가인적자원개발에 관한 헌법적 근거, 체제와 범위, 그리고 실행을 위한 법률을 살펴보았다.

제1절에서는 여러 나라 국가인적자원개발의 특성을 몇 가지 유형으로 구분하여 살펴보았다. 국가인적자원개발의 유형은 그 의도에 따라 크게 중앙집중식 모형(centralized NHRD), 이행적 모형(transitional NHRD), 표준기반 정부주도 모형(government-initiated NHRD), 분권형 자유시장 모형(decentralized/free-market NHRD), 그리고 사회시장경제

적 모형(social-market economic model)으로 구분할 수 있다. 중앙집중식 모형의 특징은 국가수준의 인적자원개발을 위한 기획, 실행, 평가 기능이 중앙정부에 집중되어 있는 것이다. 이행적 모형이란 중앙집중식 모형에서 표준화 모형이나 분권형 모형으로 이행하는 과정에 있는 국가의 인적자원개발을 말한다. 싱가포르, 한국 등 고도 성장기를 지나 경제 규모가 급격히 커지고 경제 성장률이 낮아지는 단계에 있는 국가의 인적자원개발 모형이다. 표준기반 정부주도 모형의 대표적인 국가는 영국과 오스트레일리아, 남아프리카공화국 등 과거 영연방에 소속하였던 국가들이다. 정부가 시장에서 이루어지는 다양한 인적자원개발 활동을 포용하되 노동시장의 미스매치나 저숙련 순환고리 함정에 정체되어 있는 문제를 극복하기 위하여 산업분야별 숙련기술 위원회(sector skill councils)에 위촉하여 직무능력 표준을 개발하고 이를 형식교육을 통한 직업기술교육이나 민간부문의 기술훈련 혹은 직무현장의 도제제도 등 다양한 인적자원개발 활동의 지표가 되도록 힘쓴다(Cho & McLean, 2004). 분권형 자유시장 모형은 인적자원개발의 추진력이 자유경쟁 시장에서 이루어지는 기업활동에서 나온다고 믿고 국가가 개입하지 않는다. 이 모형으로 구분되는 대표적인 국가는 미국과 캐나다이다. 개인주의적 자유시장 경쟁체제에서 개개인이 자신의 능력개발과 성장에 대해 책임을 진다. 중앙 및 지방정부의 역할은 실업자, 저소득 빈곤층 등 사회적 취약계층을 위한 직업교육 및 훈련을 제공하는 것에 제한된다. 사회시장경제적 모형은 중북부 유럽국가들의 경제 교육훈련 및 인적자원개발 모형으로서 교육훈련에 수반되는 비용을 사회가 부담하는 것이 특징이다. 초중고교 교육뿐 아니라 고등교육도 예외적인 사립대하을 제외하고는 개인이 부담해야 하는 등록금이 없거나 소액이다. 독일, 프랑스, 오스트리아 그리고 스웨덴, 핀란드, 노르웨이 등은 자본주의 시장경제를 기반으로 하되 시장질서가 독점이나 카르텔 형성을 통한 불균형 거래에 의해 훼손되지 않고 공정하게 작동하도록 사회적 개입이 필요하다고 본다. 이들 국가에서는 조세에 의한 소득의 분배 정의의 구현, 경제활동 참여를 통한 가치창출 기여에 대한 적정 보상이 이루어지게 하기 위한 임금정책, 보편적 연금보험, 의료보험, 실업보험 등을 통한 사회 안전망 구축 및 운영, 그리고 교육에 대한 보편적 권리를 균등하게 보장하기 위한 교육제도 운영 등에 국가가 관여한다.

제2절에서는 대한민국 헌법에 나타난 인적자원개발에 대한 국가의 책무를 살펴보았다. 인적자원개발의 관점에서 보면, 헌법의 정신은 직업선택의 자유(헌법 제15조), 능력에 따라 균등한 교육을 받을 권리(헌법 제31조), 근로의 권리와 근로의 의무(헌법 제32조)를 가진 개인이 능력을 최고도로 발휘하여 본인의 자유와 권리에 따른 책임과 의무를 완수하는 것이다. 국가가 인적자원개발을 위한 정책을 수립하고 예산을 투입하여 제도를 운영하는 것은 국민의 직업선택의 자유를 구체적으로 보장하고 교육을 받을 권리와 근로를 통해 자신의 능력을 최대한 발휘할 권리를 보장하기 위한 것이다. 그리고 과학기술 인력의 개발은 국민경제발전을 위해 노력해야 하는 국가의 책무이기도 하다.

제3절에서는 국가수준의 인적자원개발 대상이 되는 정책영역을 인력형성, 인력배분, 인력 활용 및 기초 제도 구축으로 구분하고 살펴보았다. 인적자원의 형성은 숙련형성을 담당하는 직업교육, 고등교육, 직업훈련 등을 통해 이루어진다. 인적자원의 배분과 관련된 국가의 책무는 인력수급의 중장기 전망, 진로교육, 학교-일 이행(school to work transition) 지원, 취업정보, 취업상담 및 알선, 노동력 이동의 관찰과 조절 등이다. 인적자원의 활용과 관련된 영역은 기업조직이나 비영리 기관에 종사하는 근로자를 대상으로 교육훈련 및 학습을 촉진하고 승진, 전보, 다기능화 등 내부노동시장을 활성화하는 정책 영역을 말한다. 기

타 인적자원개발과 관련된 기초 제도에는 초중등교육을 포함한 정규교육제도, 산학협동의 촉진을 위한 제도, 다양한 자격제도, 직업능력표준의 설정과 운영, 교육훈련 및 노동시장 정보인프라 확립, 사회적 신뢰와 파트너십으로서 조직과 조직, 정부와 정부, 정부와 민간 등의 네트워크 확립, 그리고 고용보험, 건강보험, 산업재해보험 등 사회보장제도 등이 있다.

제4절에서는 국가인적자원개발을 위한 관련 법에 대하여 살펴보았다. 국가는 개인과 조직이 인적자원개발을 활발하게 하도록 돕기 위해 인적자원개발에 직, 간접적인 영향을 미치는 여러 가지 제도를 확립하고 운영하고 있다. 특히 고용 및 노동과 관련하여 중요한 법과 제도로서 산업교육진흥 및 산학협동촉진법, 진로교육법에 대해 구체적으로 살펴보았다.

제8장

직업능력개발훈련

학습목표

❶ 직업능력개발훈련의 사회적 배경과 개념을 설명할 수 있다.
❷ 직업능력개발훈련 제도를 학교교육과 비교하여 공통점과 차이점을 설명할 수 있다.
❸ 직업능력개발훈련 대상의 변화를 사회변화의 배경과 연계하여 설명할 수 있다.
❹ 자격제도와 국가직업능력표준의 개념을 설명할 수 있다.
❺ 직업능력개발과 관련된 고용정책기본법과 국민평생직업능력개발법의 목적과 입법 취지를 설명할 수 있다.

제8장

직업능력개발훈련

인적자원개발을 위한 국가의 책무는 크게 두 가지로 구분할 수 있다. 하나는 제도의 확립과 정보제공 등 인적자원개발의 인프라스트럭처를 구축하는 것이고, 다른 하나는 국가가 인적자원개발을 실시하는 것이다. 인적자원개발을 실시한다는 것은 교육훈련을 위한 비용을 부담하고 시설을 운영하며 교사를 투입하여 학습자에게 소정의 교육과정을 제공한다는 것을 뜻한다. 국가인적자원개발 사업 중 근로자를 위한 직업능력개발훈련에 대한 국가의 책무도 제도의 확립과 정보제공 등 인프라스트럭처를 구축하는 것과 훈련을 직접 실시하는 것으로 구분할 수 있다.

평생학습사회로 이행하고 있는 21세기에 들어와 관심이 가장 높아진 영역이 평생 직업능력개발훈련이다. 우리나라는 초등교육부터 대학교육까지 취학률이 정점을 지나 조금씩 낮아지는 추세를 나타내지만, 성인들의 직업관련 평생학습 영역인 직업능력개발훈련은 지속적으로 성장하고 있다. 본장에서는 직업능력개발훈련의 개념, 교육과 훈련의 문제, 직업능력개발훈련 대상의 변화, 국가직무능력표준, 국민평생직업능력개발법과 직업능력개발사업 등에 대하여 살펴보고자 한다.

1. 직업능력개발훈련의 개념

사람은 무한한 가능성을 지닌 존재다. 그러나 배우고 연마하지 않으면 가능성은 가능성일 뿐이다. 사람이 지닌 가능성 중에서 사회적, 경제적으로 쓸모 있는 일을 할 수 있는 능력을 찾아내고 연마하여 발휘하게 하는 활동이 직업능력개발훈련이다.

우리나라 직업능력개발훈련의 뿌리는 산업체 실무현장에서 일을 하면서 기능을 습득하는 견습근로자 보호, 육성 제도(근로기준법의 "기능자 양성에 관한 규정", 법률 제1268호 제75조 제1항, 1953년 5월 공포)와 1960년대 초 전후 복구과정에서 제도화된 청소년, 장애인, 여성, 직업재활이 필요한 원호대상자 등 사회적 약자를 위한 법률(직업안정법, 생활보호법, 원호대상자 직업재활법)을 기반으로 제공되었던 직업지도와 취업준비 과정 등에서 찾을 수 있다(서상선, 1993). 한국전쟁이후 재난 복구기에 도입된 수련과정의 근로자와 사회적 약자 보호를 위한 직업보도에서 출발한 여러 가지 직업훈련 프로그램들을 정부가 통합하여 관리하는 제도적 기반이 만들어진 것은 60년대 후반이다. 1967년 직업훈련법이 제정됨으로써 직업능력개발훈련제도의 기반이 확립된 것이다. 동 법의 목적은 "근로자에게 직업훈련과 기능검정을 실시하여 근로자의 직업안정과 국민경제발전에 기여하는 것"이었다. 이로써 직업훈련은 비진학 청소년의 직업준비를 도와주고 재직 근로자의 능력개발을 목적으로 하는 비형식 교육영역으로 정립되었다. 직업훈련부문은 70년대와 80년대에는 급격히 진행된 산업화를 뒷받침할 신규 기능, 기술인력의 양성 공급원중 하나로서 매우 중요한 역할을 담당하였다.

직업능력개발훈련이라는 용어는 1997년 근로자직업훈련촉진법이 제정되면서 등장하였다. 1995년 고용보험제도가 도입되고, 이어서 1997년 근로자직업훈련촉진법이 제정되면서 30년간 유지되었던 직업훈련제도의 패러다임이 바뀌게 되었고, 종전에 사용하던 직업훈련이란 용어를 직업능력개발훈련이라는 보다 확대된 개념으로 사용하게 된 것이다. 종전의 직업훈련이 산업화를 위한 인력양성에 초점을 두었다면, 직업능력개발훈련은 빠르게 변화하는 고용환경 속에서 근로자들이 직면하는 실업, 전직, 이직 등 고용 위험을 자발적 참여와 제도적 지원하에 스스로 극복하는 능력개발이라는 개념으로 새롭게 사용되었다(임세영, 1999). 그후 능력개발에 대한 개인의 선택과 참여를 촉진하기 위한 제도적 변화는 계속 이어지고 있다.

2020년대에 들어와 직업능력개발에 대한 요구는 더욱 광범위해졌다. 심각해진 고령화와 생산인구감소 등 인구구조 변화와 디지털 전환에 따른 산업구조 변화로 개인이 노동시장에서 안정성을 유지하기는 더 어려워지고, 새로이 노동시장에 진입하려는 개인이 이겨내야 하는 경쟁은 강화되었다. 국회와 정부는 이에 대비하기 위해 법의 명칭을 「근로자직업능력개발법」에서 「국민평생직업능력개발법」으로 변경하였다. 그리고 이 법에 의한 직업능력개발훈련의 지원대상을 '근로자'에서 전체 '국민'으로 확대하는 개정안을 국회의 의결을 거쳐 2021년 8월 17일 공포하였다. 개정된 법에 제시된 용어정의를 보면 직업능력개발훈련이란 "모든 국민에게 평생에 걸쳐 직업에 필요한 직무수행능력(지능정보화 및 포괄적 직업·직무기초능력을 포함한다)을 습득·향상시키기 위한 훈련"이다.[1] 특별한 경우를 제외하고는 법률상 용어인 직업능력개발훈련과 직

1) 종전의 근로자직업능력개발법에는 『"직업능력개발훈련"이란 근로자에게 직업에 필요한 직무수행능력을 습득·향상시키기 위하여 실시하는 훈련을 말한다(근로자직업능력개발법 제2조 제1항)』라고 되어 있었다. 동일 개념에 대한 최근 개정된 국민평생직업능력개발법(제2조 제1항)의 정의가 종전과 다른 점은 훈련 대상을 "근로자"에서 "모든

업훈련은 동일한 의미로 사용되고 있다.

직업능력개발훈련은 '직업능력', '개발', '훈련'이 합하여 이루어진 복합명사다. 직업능력과 직무수행능력은 같은 의미로서 직업을 영위하는 데 필요한 지식과 기술 및 태도를 뜻한다.2) 개발(開發, 영어: development)이란 "무엇인가를 보다 쓸모 있거나 향상된 상태로 변화시키는 행위"이다(위키백과 참조). 능력개발 외에도 경제개발, 국토개발, 사회개발 등에서도 개발이라는 말의 용례를 찾아볼 수 있다. 전통적으로 훈련이란 "무예나 기술 등을 실제로 활용할 수 있도록 배워 익힘"(동아새국어사전, 1994: 2501)이라 풀이된다. 능력개발이 당사자의 자발적이고 능동적인 능력의 개선과 향상 노력의 의미를 포함한다면 훈련은 교사나 코치의 지도에 따라 배우고 익힌다는 피동적 의미가 강조된다고 볼 수 있다. 이상 직업능력, 개발, 그리고 훈련에 대한 개별 단어의 의미 설명에 의존하여 좀 더 엄밀하게 정의하면, "직업능력개발훈련이란 직업 영위에 필요한 지식과 기술, 태도 등을 학습자의 능동적 참여와 교사(혹은 숙련자)의 적극적인 지원을 통해 실제로 활용할 수 있도록 배워 익히게 하는 일련의 과정"이라고 정의할 수 있다(임세영, 2005: 17-29).

국민"으로 확대하고, "평생에 걸쳐"라는 말을 삽입하여 대상자의 생애주기 전체에 걸쳐 관여한다는 것을 강조한 점이다.

2) 자격기본법(법률 제5314호, 1997. 3. 27. 제정; 법률 제17954호, 2021. 3. 23. 개정)은 직무능력을 "산업현장에서 직무를 수행하기 위하여 요구되는 지식·기술·소양 등의 내용"이라고 해석하였다. 직무수행능력의 의미에도 직업(vocation)과 직무(occupation)의 개념을 어떻게 정의하느냐에 따라 차이가 있다. 정우현 외(1989)는 직업교육이 단순히 생업을 유지하기 위해 필요한 계속적 노작만을 위한 교육이라기보다는 한걸음 더 나아가 천직으로서 인간에게 주어진 소명의식을 불러일으키는 뜻으로 보아야 하기 때문에 직업교육이라는 말을 쓸 때는 occupation이라기보다는 vocation이라는 뜻을 가지고 다루어야 한다고 주장하였다. 이무근(1982: 13)은 vocation과 occupation은 혼용하여도 무방하지만 구태여 구별을 한다면 전자는 일의 대가에 상관없이 인간의 욕구를 충족시키는 일에 관한 능력을 개발하는 것이고, 후자는 일의 대가로 경제적 보수를 받음으로써 생업을 영위할 수 있는 능력을 개발하는 교육과 관련된다고 보았다. 필요한 경우 vocational education을 직업교육, occupational education을 직무교육으로 번역하는 것으로 구별이 가능하다(이정근, 1983: 13 참조).

이 정의에서 중요한 것은 직업능력개발훈련이란 그 내용과 목표가 "직업"에 의해 결정된다는 것과 "무엇인가를 배워 실제로 활용할 수 있도록 한다"는 것이다. 직업에 의해 직업능력개발훈련의 내용과 목적이 결정된다는 것은 일반 교과교육에서 교과의 논리에 의해 목적과 내용을 체계화하는 것과 구별된다. 직업능력개발훈련은 인간의 정신과 신체가 통합된 전일적(全一的) 행위를 지향한다. 이는 학문분류를 기반으로 하는 교과(discipline)의 교육이 주로 인지적 학습과 성장을 지향하는 것과 차이가 있다. 교과의 교육은 인지적 분석, 개념의 조작과 지식의 체계화를 지향한다. 직업능력개발훈련은 무엇인가를 산출하는데 필요한 지식과 기술을 실제로 활용할 수 있도록 배우고 익히는 것을 지향한다. 직업능력개발훈련은 교과에 비해 더 실용적인 특성을 나타낸다. 직업능력개발훈련과정의 훈련 목적, 내용, 방법을 정할 때 이 훈련과정이 실제로 직무 현장에 가서 활용할 수 있는 것을 훈련하는가? 실무현장에서 필요로 하는 것인가? 어떤 기술을 어설피 아는 정도에 그치지 않고, 개발된 능력을 활용하여 사회적으로 통용되는 가치 있는 것을 산출해 낼 수 있을 만큼 숙달시킬 수 있는가? 가르치고 배우는 과정에서 현장에서 활용되는 직무 및 작업 수행 방법을 존중하고 있는가? 등 실용적 특성을 기반으로 판단한다. 직업능력개발훈련이 직업영위에 필요한 지식과 기술 및 태도를 직무 수행에 실제로 활용할 수 있도록 배우고 익히는 활동이지만, 궁극적으로는 행복한 직업 생활을 지향하며, 실제 직무 수행에 필요한 여러 가지 종합적 능력까지 변화시키는 데 목적이 있다.

이러한 직업능력개발훈련의 본질적인 의미에 상응하는 현상은 실제 직업능력개발훈련 제도에서도 찾을 수 있다. 예를 들면 직업능력개발훈련 행위는 직업이 중심에 있기 때문에 직업능력개발훈련 교사 자격 종목의 기본 단위는 "직종"이다. 이는 교육부가 중등학교 교사 지망생에게 발부하는 자격 종목의 기본 단위가 "교과"인 것과 대조된다. 중등학교 교사는 교사 자격증에 "영어", "수학", "국어"와 같은 교과가 "자격증 표시 과목"란에 표기되지만 직업능력개발훈련교사 자격증에는 "기계가공", "한식조리", "자동차 정비" 등과 같은 "직종"이 표기된다. 따라서 직업능력개발훈련은 직업에 대한 안내를 주된 목적으로 하고 있는 교양교육으로서의 직업교육이나 실과교육과 구별된다.

2. 교육과 훈련의 구별

직업능력개발훈련의 개념 설명과 관련하여, 교육과 훈련의 구별은 개념의 차원뿐만 아니라 사회적 역할의 차원에서도 오랜 세월을 두고 논란이 되었다. 이에 대해서는 원론적 의미의 측면과 실제 제도적 의미 측면의 논의를 구분하여 접근해야 한다. 원론적인 의미에서 교육과 훈련은 서로 상반된 개념이며, 교육은 인도적이고 훈련은 비인도적인 것으로 말하는 경우도 있다(E. Dale, 1969; 이무근, 1993: 25 재인용). 그러나 교육과 훈련의 구별은 가르치는 내용과 이의 유용성에 따라 상호 보완적인 위치에 있다. 우리가 가르친다고 하는 것은 지식과 태도를 함양하는 활동과 실제적인 행동을 형성하는 활동으로 크게 구분할 수 있는데 전자를 위한 것이 좁은 의미의 교육이고 후자를 형성하는 것이 바로 훈련이다(Green, 1971: 21-39; 이정근 1983: 16 재인용). 양자는 모두 넓은 의미의 교육에 포함된다. 따라서 교육과 훈련은 의도를 갖고 체계적으로 가르치는 활동에서 모두 중요한 요소라고 말할 수 있다. 국제적으로도 vocational education과 vocational training은 크게 의미 차이를 두지 않고 혼용된다. 그리고 vocational training and education이라고 합하여 쓰는 경우도 자주 있다. 우리나라에서도 1997년 교육 개혁의 일환으로 제정된 "직업교육훈련촉진법"에서 이미 직업교육과 훈련을 배타적인 개념이 아니라 상호보완적 관계를 갖는 개념으로 사용하였다.

현실 제도적인 측면의 논의에서 직업교육은 학교교육제도 내에서 이루어지는 것으로, 직업능력개발훈련은 학교교육 제도 밖에서 이루어지는 것으로 구분한다. 학교교육으로서 직업교육(예, 특성화 고등학교, 전문대학 등)은 교육기본법을 제도적 기초로 삼고 있지만, 직업능력개발훈련은 고용정책기본법과 국민평생직업능력개발법을 기초로 삼고 있다. 그러나 양자를 엄격하게 분리하는 것보다 양자가 서로 잘 연계되어 한 사람의 생애 발달과정에서 통합되게 하는 것이 바람직하다. 이를 위해 법제에는 양자를 서로 연결하는 고리 같은 조항이 들어 있다. 예를 들어 우리나라의 직업능력개발훈련 제도는 교육기본법(법률 제5437호, 1997. 12. 13. 제정; 법률 제18456호, 2021. 9. 24 개정) 제10조에 의한 평생교육의 범주에 속하며, 학교교육제도 밖에서 이루어지는 활동이라고 볼 수 있다. 평생교육체제에서 학교교육은 유·소년기 및 정년기까지 이루어지는 기본적 교육을 담당한다. 최근에는 학교교육기관에서도 사회인을 대상으로 한 다양한 프로그램들이 개설되어 평생직업능력개발훈련기관 역할도 담당하고 있는데, 이것은 현대사회에서 학교의 정규교육만으로는 충족될 수 없는 인간의 다양한 교육적 요구를 사회와 교육기관이 협동하여 충족할 수 있게 한 것이다. 또한 직업능력개발훈련에서도 미래의 직업세계 변화에 대응하기 위해 필요한 직업기초능력, 디지털문해능력, 문제해결능력, 조직에서의 적응과 관계 수립을 위한 리더십과 의사소통 등 기초 소양 교육을 중시하도록 함으로써 교육영역과 훈련영역의 연계와 협력이 확장되고 있다.[3)]

---

3) 2021년 8월에 개정된 국민평생직업능력개발법에 "직업능력개발훈련은 직업에 필요한 직무능력뿐만 아니라 지능정보화 및 포괄적 직업 · 직무기초능력 등 직무 수행과 관련되는 직무기초역량을 함께 지원하여야 한다(제3조 제7항)."라는 항목을 추가하였다.

3. 직업능력개발훈련 대상의 변화

한국은 농업사회에서 산업화과정을 거쳐 지식정보사회를 맞이하고 있다. 사회변화에 따라 공적재원을 투입하여 실시하는 직업능력개발훈련의 대상은 단계적으로 확대되었다. 앞에서 언급한 바와 같이 직업능력개발훈련 제도의 그루터기가 되었던 근로기준법(법률 제1268호, 1953년 5월) 체제에서는 기능습득과정을 통해 양성하는 수련기능자가 법적 보호의 대상이었다. 정부는 피훈련자를 법적으로 보호할 뿐, 훈련과정을 재정적으로 지원하지는 않았다. 한 단계 더 나아간 것은 1960년대초 전후 복구와 재건과정에서 학교교육을 받지 못한 청소년이나 여성, 장애인, 국가유공자 등을 대상으로 공공부문이 제공한 직업지도와 취업준비 훈련과정이다. 이를 뒷받침한 법적 제도는 1961년 말에 제정된 직업안정법, 생활보호법, 아동복지법과 1963년에 제정된 원호대상자 직업재활법 등이었다. 이때 직업능력개발훈련은 공적 재원을 바탕으로 운영되었지만, 핀 포인트 방식으로 범위를 좁혀서 특정 조건에 있는 소수의 사람을 대상으로 실시되었다. 직업능력개발훈련대상이 좀 더 확대된 계기는 1967년 제정된 직업훈련법이다. 앞에 제시한 바와 같이 직업훈련법(1973년 이후 직업훈련기본법)에 의한 직업훈련의 대상은 넓은 의미의 "근로자"였다. 직업훈련의 대상에 취업할 의지가 있는 구직자를 근로자의 범위에 포함시켜 취업을 희망하는 비진학 청소년과 중고령자도 재직자와 같이 훈련 대상이 될 수 있었다. 1970년대 전국에 20여개의 공공직업훈련기관이 세워지고, 활발하게 운영되었던 양성훈련과정에 등록하였던 사람의 대다수가 중학교나 고등학교를 졸업하고 기술을 배워 취업하고자 하는 15세부터 25세 사이의 청년층이었다(〈표 8-1〉 참조).

표 8-1 직업능력개발훈련 보호/지원 대상의 변화

법적 보호/ 지원 대상	근거법(적용시기)	배경과 취지
수련과정의 피훈련자	근로기준법(1953년 이후)	실무현장에서 일을 하면서 기능을 습득하는 견습근로자 보호, 육성
사회적 보호대상자(보호대상 청소년이나 여성, 장애인, 국가유공자)	직업안정법, 생활보호법, 원호대상자 직업재활법(1961년 이후)	1960년대 초 전후 복구과정에서 제도화된 청소년, 장애인, 여성, 직업재활이 필요한 원호대상자 등 사회적 약자를 위한 직업지도와 취업준비
근로자	직업훈련법(1973년 이후 직업훈련기본법)(1967~1999)	산업화과정에서 농촌을 떠나 도시로 이동하여 기술 분야에 취업하고자 하는 비진학 청소년. 노동시장관점에서 신규 기술 인력의 공급에 초점
	근로자직업능력개발법(1999~2021)	전 산업분야의 고용보험 피보험자인 재직근로자 및 실업자
전 국민	국민평생직업능력개발법(2021년 8월 법 개정, 2022년 2월부터 시행)	인구구조변화, 산업구조변화, 디지털 전환 등 급격한 기술변화로 인해 생애주기중 전직이 여러 번 예상되는 경력패턴 확대, 파트타임 노동, 비정규직 등 공식적 고용관계에 해당하지 않는 근로를 하는 사람, 취업준비로 고용통계에서 경제활동인구로 잡히지 않는 사람 등에 대한 직업능력개발 지원 가능

당시 직업능력개발훈련의 주요 대상은 농촌에서 도시지역으로 이동하여 기술 분야에 취업하고자 하는 비진학 청소년이었다. 노동시장 관점에서 보면 직업능력개발훈련의 초점은 신규 기술 인력의 공급이었다. 이와 같은 경향은 1990년대에 들어 산업이 고도화되고 노동시장이 신규인력의 공급보다 재직근로자의 생산성 향상을 더 요구하게 되면서 전환기를 맞이하였다.

1990년대 후반 고용보험제도과 근로자직업능력개발법이 도입되고 고용보험기금이 직업능력개발훈련의 주요 재원이 된 이후 급격히 변화하였다. 직업능력개발훈련의 대상이 비진학 청소년에서 전 산업분야의 고용보험 피보험자인 재직근로자 및 실업자로 급격하게 확대된 것이다. 직업훈련기본법이나 근로자직업능력개발법(법률 제5475. 1997. 12. 24. 제정)이 직업능력개발훈련 대상자를 근로자로 제한하였던 것은 근로자직업능력개발법의 범주 내에서 제공하는 직업능력개발훈련 서비스의 수혜 대상을 고용관계에 있는 사람, 혹은 고용보험 피보험자로 좁게 해석하였기 때문이다.

앞에서 언급한 바와 같이 근로자직업능력개발법은 2021년에 다시 개정되어 "국민평생직업능력개발법"(법률 제18425호, 2021. 8. 17. 일부개정; 시행 2022. 2. 18)이 되었다. 이에 따라 직업능력개발훈련의 대상이 전 국민으로 확대함으로써 진로교육을 받아야 하는 청소년이나 고령자까지 포용하게 되어 오랫동안 유지되어 왔던 고용관계 여부나 특정 연령에 의한 대상자 제한이 풀렸다. 생애주기중 전직이 여러 번 예상되는 경력패턴이 확대되고 전통적 고용관계가 변화하고 있는 현실적 문제에 제도적으로 다가가고자 한 것이다. 이제 파트타임, 비정규직 등 공식적 고용관계에 해당하지 않는 근로를 하는 사람, 취업준비로 고용통계에서 경제활동인구로 잡히지 않는 사람 등에 대한 직업능력개발 지원이 더 넓어질 수 있다. 개정법에서는 앞에서 언급한 바와 같이 인구구조변화, 산업구조변화, 디지털 전환 등 급격한 기술변화로 인해 고용보험가입이 어려운 처지에 있는 사람에게도 직업능력개발훈련을 제공하여 "고용창출, 고용촉진, 고용안정 및 사회·경제적 지위 향상"을 도모하려는 취지를 담고 있다. 앞으로 법 개정의 취지를 어떻게 실행해 나갈지 주목된다.

4. 국가자격제도와 직무능력표준(NCS)

인적자원을 개발하는 학습, 교육, 훈련 활동과 인적자원을 활용하는 경제활동 및 고용 사이를 이어주는 역할을 하는 것이 자격이다. 자격제도는 경제활동을 하는 데 필요한 역량의 표준을 설정하고, 개개인이 지닌 능력이 그 표준에 부합하는지 평가하여 표준에 적시된 능력을 지녔다는 것을 객관적으로 인증하는 제도이다. 객관적인 평가에 의해 부여된 자격은 노동시장에서 인력이 유통될 수 있는 신호와 같다. 개인이 지닌 자격은 그 사람이 조직에 필요한 사람인지 여부를 결정하는 객관적 자료가 된다. 경제활동에 참여하는 개인과 조직의 신뢰를 받는 자격제도는 학습, 교육, 훈련의 지표 역할을 한다. 표준화된 기준에 제시된 세부 능력은 어떤 기업에서 어떤 능력이 있는 사람을 필요로 하는지 일일이 조사하지 않더라도 개인의 학습이나 교육 훈련 프로그램의 목표를 설정하는 데 객관적인 참조체제를 제공한다. 자격제도는 인적자원에 대한 질적 정보를 제공함으로써 노동시장의 수요공급 상황을 파악하는 틀을 제공하며, 인력수급의 불일치(mismatch)를 완화하고, 인적자원개발을 촉진하는 중요한 인프라스트럭쳐이다.

현행 자격제도는 1997년에 제정된 자격기본법을 근간으로 수립, 운영되고 있다. 자격기본법(법률 제5314호, 1997. 3. 27. 제정; 법률 제19095호, 2022. 12. 27 개정)은 자격에 관한 기본적인 사항을 정함으로써 자격제도의 관리와 운영을 체계화하고 평생직업능력개발을 촉진하여 국민의 사회경제적 지위를 높이고 능력중심사회의 구현에 이바지함을 목적으로 제정되었다(제1조). 이 법은 자격의 개념을 "직무수행에 필요한 지식·기술·소양 등의 습득정도가 일정한 기준과 절차에 따라 평가 또는 인정된 것"이라고 정의하였다(제2조 제1항).

국가가 관리하는 자격은 크게 국가자격과 민간자격으로 구분된다. 국가자격이란 법령에 따라 국가가 신설하여 관리·운영하는 자격을 말한다. 민간자격이란 국가 외의 민간 조직이 신설하여 관리·운영하는 자격을 말한다. 국가자격은 종목 수와 응시자 수에서 가장 큰 비중을 차지하는 국가기술자격법에 의한 자격과 도로교통법 등 개별법령에 의한 자격이 운영되고 있다. 예를 들어 의료분야의 자격과 관련된 법령에는 의료법(의사, 치과의사, 한의사, 조산사, 간호사 등의 자격), 약사법(약사, 한약사, 한약조제 등의 자격), 국민영양관리법(영양사), 의료기사 등에 관한 법률(임상병리사, 방사선사, 물리치료사, 작업치료사, 치과기공사, 치과위생사, 의무기록사, 안경사 등의 자격)이 있다. 2023년 12월 현재 국가가 관리, 운영하고 있는 자격은 모두 52,895개에 달한다. 이 중 국가자격은 753개 종목으로서, 이는 국가기술자격법에 의한 자격이 26개 직무분야 548개 종목, 개별법령에 의한 자격이 205개 직종으로 구성되어 있다. 민간자격은 총 52,142개 종목인데, 세부적으로 등록민간자격 51,803개 종목, 공인민간자격 95개 종목, 사업주자격 244개 종목으로 구분된다(〈표 8-1〉 참조).

자격제도의 관리운영과 관련된 국가의 책무 중 최근 가장 주목을 받고 있는 것이 국가직무능력표준의 수립이다. 이를 통상 영문의 머리글자를 따서 NCS(National Competency Standards)라고 부른다.[4] 국가직무능력표준이란 "산업현장에서 직무를 수행하기 위하여 요구되는 지식·기술·소양 등의 내용을 국가가 산업부문별, 수준별로 체계화한 것"이다(제2조 제2호).

NCS에 대한 관심이 높아진 것은 국가가 관리하는 자격들이 자격으로서 기능을 충분히 하지 못하고 있다는 문제와 관련이 있다. 자격

4) 국가직무능력표준에 대한 자세한 정보는 www.ncs.go.kr 참조.

표 8-2 자격현황(2023년 12월 기준)

구분		종목수	검정시행기관
국가 자격	국가기술자격법에 의한 자격	548 (26개 직무)	한국산업인력공단, 대한상공회의소, 한국원자력안전기술원 등
	개별법령에 의한 자격	205 (직종)	한국산업인력공단, 교통안전공단, 한국보건의료인국가시험원 등
	소계	753	
민간 자격	등록민간자격	51,803	한국생산성본부, 한국금융연수원, 한국외국어능력평가원 등
	공인민간자격	95(직종)	대한상공회의소, 삼성SDS, 한국생산성본부 등
	사업주자격	244	LG 디스플레이 등 93개 기업
	소계	52,142	
계		52,895	

자료: 고용노동부(2024: 84), 직업능력개발사업현황 재구성.

제도가 부여받은 사회적 책무를 수행하기 위해 필요한 전제조건이 사회적 공신력인데, 자격을 3-4개씩 취득하였다 해도 실제 직무를 수행하는 능력을 보장하지 못하였다(장창원 외, 2007; 이동임, 2009). 교육, 훈련에서 배우고 가르치는 것과 실제 일터에서 직무를 수행하는 데 요구되는 능력 사이의 격차가 컸던 것이다. 양자 간의 격차를 좁히기 위해서는 일터에서 요구되는 직무수행능력을 조사하여 이를 자격검정의 평가기준으로 설정하는 것이 필요하다고 보았다(조정윤 외, 2002).

산업현장에서 실제 직무를 잘 수행하고 있는 근로자가 지닌 직무능력을 분석한 NCS는 교육 및 직업훈련의 과정개발과 평가에 적용할 수 있다. 그리고 산업체에서 신규직원의 채용이나 재직근로자의 능력개발에 활용할 수 있다. 이를 그림으로 나타내면 [그림 8-1]과 같다.

NCS는 산업현장의 지식과 기술을 반영하기 위해 지속적으로 개발되고 수정되고 있다. 2024년 8월 현재, 한국고용직업분류를 중심으로 한국표준직업분류, 한국표준산업분류 등을 참조하여 대분류(24)-중분류(81)-소분류(237)-세분류(1,100)-능력단위(13,345)의 체계로 분류되어 있다. 대분류는 한국고용직업분류를 기반으로 직무분야가 유사한 것끼리 모아 놓은 것이다. 중분류는 대분류 내에서 직무능력 유형, 산업, 노동시장 및 경력개발 경로 등의 유사성에 따라 구분된 것이며, 소분류는 중분류를 다시 직무유형에 따라, 산업별인적자원개발협의체의 구성여부에 따라 더 작은 단위로 구분한 것이다. 세분류는 소분류상의 직무를 수행하는 데 필요한 세부적인 능력단위이다(고용노동부, 2025

그림 8-1 국가직무능력표준의 개발 및 활용체계

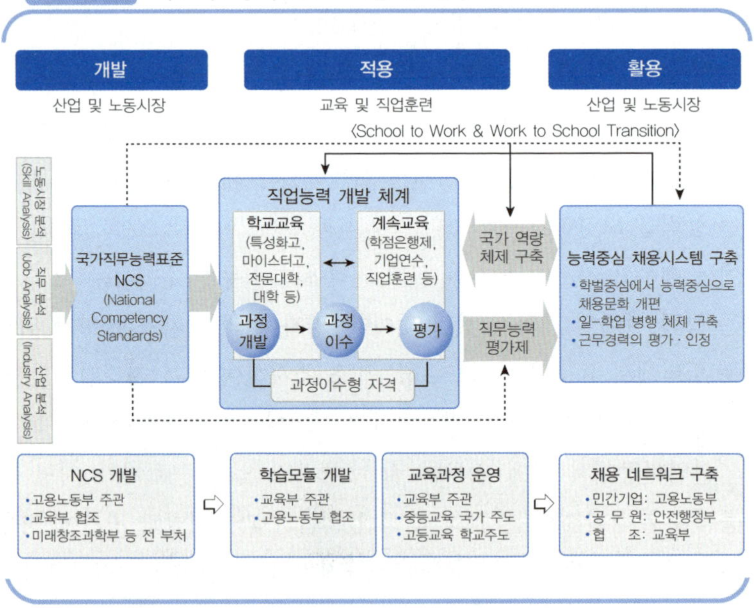

자료: 교육부(2013), 국가직무능력표준개요.

NCS개발 가이드북). 최근 4차 산업혁명과 관련하여 NCS에 새로 개발되고 직무로는 세분류 수준의 스마트공장 시스템 설치, 화학나노소재 분석, 수소연료전지제조, IoT 시스템 정합 등이 있다(한국산업인력공단 2019. 4월 고시).

5. 직업능력개발의 법적 기초와 관련 사업

앞의 제7장에서 살펴본 바와 같이 대한민국 헌법은 "[…] 정치·경제·사회·문화의 모든 영역에 있어서 각인의 기회를 균등히 하고, 능력을 최고도로 발휘하게 한다"(헌법 전문)는 능력 존중의 정신을 기반으로, 개인이 인간으로서의 존엄과 가치를 가지며, 행복을 추구할 권리를 가지고(헌법 제10조), 그리고 자유로이 직업을 선택할 권리(헌법 제15조)를 보장한다. 존엄한 인권을 지닌 개인으로서 자신의 적성과 능력에 적합한 직업을 선택하고, 그에 상응하는 직업능력을 개발하고 발휘하여 행복을 추구하는 것은 인간으로서 누려야 할 기본적 권리이다. 국가는 개인의 자유로운 직업 선택과 능력개발 및 고용을 통한 능력발휘를 지원할 책무를 지니고 있다. 국가가 법령을 근거로 국민에게 제공하는 직업능력개발 관련 서비스를 직업능력개발 사업이라 할 수 있다. 국가의 직업능력개발과 관련된 주요 책무는 고용정책기본법과 국민평생직업능력개발법에 제시되어 있다.

5.1 고용정책기본법

고용정책기본법(법률 제4643호, 1993. 12. 27. 제정, 법률 제19965호, 2024. 1. 9. 일부개정)은 "국가가 고용에 관한 정책을 수립·시행하여 국

표 8-3 고용정책 당사자의 책무(고용정책기본법 제5조)

정책당사자	책무
근로자	•자신의 적성과 능력에 맞는 직업 선택 •직업생활을 하는 기간 동안 끊임없이 직업능력 개발 •직업을 통한 자기발전 도모
사업주	•사업에 필요한 인력을 스스로 양성 •자기가 고용하는 근로자의 직업능력을 개발하기 위하여 노력 •근로자가 그 능력을 최대한 발휘하면서 일할 수 있도록 고용관리의 개선 •근로자의 고용안정 촉진과 고용평등의 증진 등을 위하여 노력
노동조합과 사업주단체	•노동조합과 사업주단체는 근로자의 직업능력개발을 위한 노력과 사업주의 근로자 직업능력개발, 고용관리 개선, 근로자의 고용안정 촉진 및 고용평등의 증진 등을 위한 노력에 적극 협조
실업급여수급자 등 취업지원사업 참여자	•실업급여 수급자, 「국민기초생활 보장법」에 따른 수급자, 그 밖에 정부에서 지원하는 취업지원 사업에 참여자 등은 스스로 취업하기 위하여 적극적으로 노력하며, 제공되는 직업소개, 직업지도, 직업능력개발훈련 등에 적극 참여

민 개개인이 평생에 걸쳐 직업능력을 개발하고 더 많은 취업기회를 가질 수 있도록 하는 한편, 근로자의 고용안정, 기업의 일자리 창출과 원활한 인력 확보를 지원하고 노동시장의 효율성과 인력수급의 균형을 도모함으로써 국민의 삶의 질 향상과 지속가능한 경제성장 및 고용을 통한 사회통합에 이바지함을 목적으로 한다(제1조).

국가는 이 법에 따라 고용정책을 수립·시행하는 경우에 다음 사항이 실현되도록 하여야 한다(제3조).

1. 근로자의 직업선택의 자유와 근로의 권리가 확보되도록 할 것
2. 사업주의 자율적인 고용관리를 존중할 것
3. 구직자(求職者)의 자발적인 취업노력을 촉진할 것
4. 고용정책은 효율적이고 성과지향적으로 수립·시행할 것
5. 고용정책은 노동시장의 여건과 경제정책 및 사회정책을 고려하여 균형 있게 수립·시행할 것
6. 고용정책은 국가·지방자치단체 간, 공공부문·민간부문 간 및 근로자·사업주·정부 간의 협력을 바탕으로 수립·시행할 것

고용정책기본법은 고용당사자인 근로자와 사업주, 노동조합과 사업주단체, 실업급여 수급자, 「국민기초생활 보장법」에 따른 근로능력이 있는 수급자, 그 밖에 정부에서 지원하는 취업지원 사업에 참여하는 사람 등의 책임과 의무를 적시하고 있다(제5조, 〈표 8-2〉 참조). 특히, 근로자의 취업기회를 균등하게 보장하기 위하여 합리적 사유 없는 차별을 금지하고(제7조), 근로자 및 사업주뿐 아니라 국민 모두가 전 생애에 걸쳐 직업능력을 개발하고, 경력을 관리할 수 있도록 국가는 필요한 지원을 할 수 있다는 조항을 명시하였다(제20조).

5.2 직업능력개발사업

국민평생직업능력개발법에 따라 국가가 시행하는 직업능력개발사업이란 직업능력개발훈련, 직업·진로 상담 및 경력개발 지원,[5] 직업능력개발훈련 과정·매체의 개발 및 직업능력개발에 관한 조사·연구 등을 하는 사업을 말한다. 이중 직업능력개발 훈련 지원 사업에는 국민

5) 2021년에 개정된 법에서 동 사업의 유형으로 "직업·진로 상담 및 경력개발 지원"이 새로 추가되었다.

의 자율적인 직업능력개발지원, 사업주 등의 직업능력훈련지원, 직업능력개발훈련법인, 직업능력개발훈련시설 및 직업능력개발훈련교사교육의 지원, 기능대학 및 한국기술교육대학교의 지원 등이 있다([그림8-2] 참조). 이 법에 따른 직업능력개발훈련사업과 그 지원 또는 융자에 필요한 재원은 일반회계, 「고용보험법」에 따른 고용보험기금 등에 의한다(제11조의 3).

국민의 자율적 직업능력개발을 지원으로 법에 따라 국가가 시행하는 대표적인 시책은 직업능력개발계좌훈련 지원이다. 직업능력개발계

그림 8-2 직업능력개발사업 체계

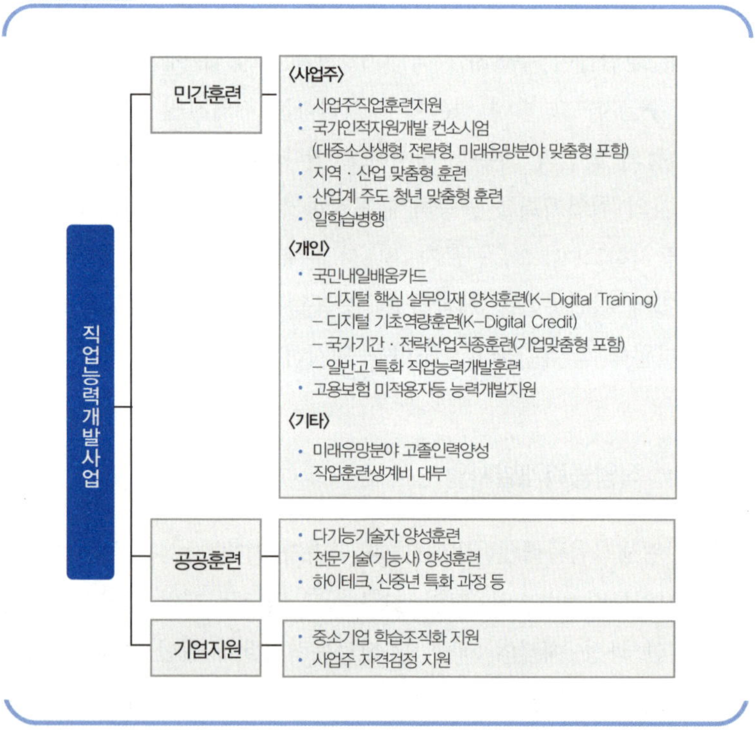

자료: 고용노동부(2021), 직업능력개발사업현황.

좌제는 지원을 위해 발급되는 카드의 명칭을 따서 일명 “국민내일배움카드제”라고 한다.[6] 직업능력개발계좌제란 국민평생직업능력개발법 제18조, 제19조에 따라 직업능력개발훈련이 직업능력개발훈련을 희망하는 사람에게 상담을 거쳐 직업능력개발계좌를 발급하여 실업자(구직자) 혹은 직업능력개발을 희망하는 근로자에게 일정 금액을 지원하는 제도이다. 지원받은 사람은 지원된 금액의 범위 내에서 자율적으로 훈련기관과 직업훈련과정을 선택하여 국민내일배움카드로 훈련비를 지불한다. 고용복지 플러스(+)센터는 이를 통해 개인별 훈련이력 등을 통합관리할 수 있다(임세영 외, 2012). 직업능력개발계좌제에 의한 훈련이수의 과정은 [그림 8-3]과 같다. 이 제도는 종전의 공급자 중심의 제도를 벗어나 수요자 중심의 직업능력개발체제를 구축하고자 하는 차원에서 2008-2009년의 시험운영을 거쳐 2010년부터 시행되고 있다. 또한 2021년에는 직업능력개발사업의 대상자를 종전에 근로자로 국한하였

그림 8-3 국민내일배움카드제(직업능력개발계좌제) 훈련 서비스 전달체계

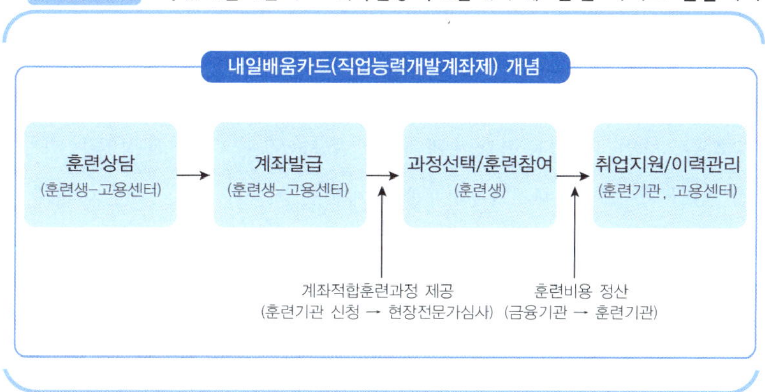

자료: www.hrd.go.kr.

6) 직업능력개발계좌제는 별칭 공모를 통해 내일배움카드제라는 명칭을 사용하였으며, 2021년 ‘국민내일배움카드제‘로 명칭이 변경되었다. 그러나 법령상 공식 명칭은 직업능력개발계좌제이므로 본서에서는 직업능력개발계좌제라고 칭하기로 한다.

던 것을 국민으로 변경하였으며, 성별, 연령, 신체적 조건, 고용형태, 신앙 또는 사회적 신분 등에 따라 차별하지 않고 모든 국민에게 직업훈련의 균등한 기회가 보장되어야 함을 강조하였다(제3조의 3). 내일배움카드도 최근 특수형태근로종사자, 영세 자영업자, 불완전 취업자 등이 증가하고, 국민들의 실업과 재직 간의 변동이 증가하는 등 변화한 노동시장에 맞지 않는 제도의 한계를 극복하고, 평생 직업능력개발을 필요로 하는 국민들에게 사각지대 없는 개인주도의 생애 직업능력개발 훈련 기회를 제공하기 위해 2020년 '국민내일배움카드'로 통합되어, 발급 및 운영되고 있다(www. hrd.go.kr 참조). 최근 4차산업 혁명시대에 대응하는 K-Digital Training, K-Digital Credit 등 훈련과정의 지원 강화와 연계하여 국민내일배움카드를 활용한 개인의 디지털 실무역량 습득을 위한 기회를 확대해 나가고 있다.

사업주직업능력개발지원은 사업주가 부담하는 고용보험기금을 재원으로 다음과 같은 사업을 지원한다: 사업주나 사업주 단체 등이 실시하는 근로자직업능력개발훈련, 근로자를 대상으로 하는 자격검정사업, 타 중소기업 근로자 등을 위하여 실시하는 직업능력개발사업, 직업능력개발을 위하여 필요한 기숙사 등의 시설과 장비·기자재를 설치, 보수하는 사업, 직업능력개발에 대한 조사 연구, 훈련과정 및 매체의 개발 보급 등(국민평생직업능력개발법 제20조 제1항) 소속 근로자에게 유급휴가를 부여하여 중·장기 직업능력개발훈련을 실시하는 사업주에게도 훈련비와 훈련참여근로자 임금의 일부를 지원한다(국민평생직업능력개발법 제20조 제2항).

사업주에 대한 지원 중에 중소기업의 능력개발을 활성화하기 위하여 중소기업에 특화된 능력개발지원사업으로 일학습병행제, 국가인적자원개발 컨소시엄, 중소기업 핵심직무능력향상, 중소기업 학습조직화 지원사업 등이 있다. "일학습병행"이란 사업주가 기업 내 전문적인 기술·지식이 있는 자로 하여금 기업의 생산시설·장비를 활용하여 해당 근로자의 직무수행에 필요한 지식, 기술, 소양 등을 전수하는 교육훈련("도제식현장교육훈련"이라 한다)을 실시하게 하는 것이다. 이 때 현장에서 이루어지는 교육훈련을 보완하기 위하여 근무 장소 또는 생산시설과 분리된 시설이나 교육훈련기관에서 실시되는 교육훈련(이하 "현장외 교육훈련"이라 한다)이 함께 제공되고, 그 결과에 따라 자격 또는 학력 등이 인정되도록 하고 있다. 국가로부터 일학습병행과정을 지정받아 일학습병행제를 실시하는 기업을 "학습기업"이라 하고, 일학습병행과정을 통해 훈련을 이수하는 자를 "학습근로자"라고 한다. 그리고 학습근로자가 근로를 제공하면서 일학습병행과정에 따른 교육훈련을 받고, 학습기업의 사업주가 임금을 지급하면서 일학습병행과정을 개설하여 교육훈련을 제공하는 것을 목적으로 학습근로자와 학습기업의 사업주가 체결한 계약을 "학습근로계약"이라 한다. 학습기업의 사업주로부터 해당 학습기업의 학습근로자에게 직무수행에 필요한 숙련기술, 지식 및 능력을 전수하도록 지정받은 사람을 "기업현장교사"라 한다. 기업현장교사는 「근로자직업능력개발법 시행령」 제27조에 따른 직업능력개발훈련교사 또는 그 밖에 해당 분야에 전문지식이 있는 사람이어야 한다.

다수의 중소기업과 컨소시엄을 구성하여 해당 중소기업 근로자를 대상으로 직업능력개발훈련을 실시하는 기업 및 사업주 단체는 국가인적자원개발 컨소시엄 지원 대상이 된다. 이는 대기업과 달리 훈련시설이나 장비의 부족으로 자체적인 인력양성이나 직무능력향상이 어려운 중소기업을 지원하기 위한 것이다. 지원이 되는 훈련과정은 재직근로자 향상훈련 또는 채용예정자에 대한 양성훈련이다. 지원내용은 훈련시설과 장비비(소요비용의 80%), 운영비, 프로그램 개발비 등이다.

중소기업 근로자 중 중추적 역할을 하는 인재의 핵심역량 제고에 필요한 훈련과정 참여비용 및 참여근로자의 인건비 일부를 지원하는 사업을 중소기업핵심직무능력향상지원사업이라 한다. 중소기업학습조직화 지원은 해당 기업근로자들의 학습조활동과 체계적 현장훈련(OJT) 실행에 필요한 경비를 지원하는 사업이다.

그 밖에 국가가 시행하는 직업능력개발 사업에는 공공훈련의 일환으로, 다기능기술자 및 전문기술인력 등을 양성하는 폴리텍대학의 설치와 운영(국민평생직업능력개발법 제39조-제40조), 직업능력개발훈련교사, 실천공학기술자 및 인력개발담당자의 양성 및 직무능력향상훈련사업을 실시하는 한국기술교육대학교의 설치와 운영(동법 제52조의2), 국가기간전략산업직종훈련과정의 개설과 운영 등이 있다.

6. 종합 정리

본 장에서는 직업능력개발훈련의 개념, 교육과 훈련의 구별, 직업능력개발훈련의 대상, 자격제도와 NCS, 근로자직업능력개발 사업 관련법 등에 대하여 살펴보았다.

제1절에서는 직업능력개발훈련의 개념에 대해 살펴보았다. 수련과정의 근로자와 사회적 보호 대상자들의 직업준비를 위한 직업훈련에 뿌리를 두고 있는 직업능력개발훈련이란 용어가 고용보험제도 및 근로자직업훈련촉진법과 연결되어 있으며, 평생직업능력개발 사회의 도래와 함께 사용되기 시작했음을 설명하였다. 본서에서는 직업능력, 개발, 그리고 훈련에 대한 개별 단어의 의미 설명에 의존하여 "직업능력개발훈련이란 직업 영위에 필요한 지식과 기술, 태도 등을 학습자의 능동적 참여와 교사의 적극적인 지원을 통해 실제로 활용할 수 있도록 배워 익히게 하는 일련의 과정"이라고 정의하였다.

제2절에서는 교육과 훈련의 구별에 대하여 논하였다. 현실적으로 직업능력개발훈련 제도는 학교교육제도와 분리되어 존재한다. 학교교육은 교육법을 제도적 기초로 삼고 있지만, 직업능력개발훈련은 고용정책기본법과 근로자직업능력개발법을 기초로 삼고 있다. 따라서 현재 우리나라의 직업능력개발훈련제도는 교육기본법(법률 제5437호, 1997. 12. 13. 제정) 제10조에 의한 사회교육의 범주에 속하며, 학교 교육 밖에 존재한다. 평생교육체제에서 학교 교육은 유, 소년기 및 청년기까지 이루어지는 기본적인 교육을 담당하고, 직업능력개발훈련은 취업 또는 직업 영위를 위해 필요한 능력개발과 관련된 다양한 교육적 욕구를 충족시키는 역할을 하는 것이다.

제3절에서는 시대변화에 따른 직업능력개발훈련 대상의 변화를 기술하였다. 산업화 이전 단계에서는 사회적 보호가 필요한 사람들을 한정하여 직업능력개발훈련 대상으로 보았지만 산업화와 더불어 제정된 직업훈련법에서는 넓은 의미의 근로자를 대상으로 하였으니 핵심적 대상은 노동시장에 신규로 진입하려는 사람이었고, 1997년에 제정된 근로자직업능력개발법에 의한 직업능력개발훈련의 대상은 취업할 의사를 가진 사람이나 고용보험 피보험자였다. 최근 개정된 국민평생직업능력개발법에서는 직업능력개발 훈련의 대상을 전 국민으로 확장하였고 동 사업으로 진로상담과 경력개발지원까지 포함시켰다.

제4절에서는 자격제도와 NCS에 대해 살펴보았다. 자격제도는 인적자원에 대한 질적 정보를 제공함으로써 노동시장의 수요공급 상황을 파악하는 틀을 제공하며, 인력수급의 불일치(mismatch)를 완화하고, 인적자원개발을 촉진하는 중요한 인프라스트럭쳐이다.

제5절에서는 근로자직업능력개발사업의 항목과 범위를 규정하고 있는 고용정책기본법과 국민평생직업능력개발법을 소개하였다. 고용정책기본법은 “국가가 고용에 관한 정책을 수립·시행하여 국민 개개인이

평생에 걸쳐 직업능력을 개발하고 더 많은 취업기회를 가질 수 있도록 하는 한편, 근로자의 고용안정, 기업의 일자리 창출과 원활한 인력 확보를 지원하고 노동시장의 효율성과 인력수급의 균형을 도모함으로써 국민의 삶의 질 향상과 지속가능한 경제성장 및 고용을 통한 사회통합에 이바지함을 목적으로 한다(제1조).” 국민평생직업능력개발법은 국민의 평생에 걸친 직업능력개발을 촉진·지원하고 산업현장에서 필요로 하는 기술·기능 인력을 양성하며 산학협력 등에 관한 사업을 수행함으로써 국민의 고용창출, 고용촉진·고용안정 및 사회·경제적 지위 향상과 기업의 생산성 향상을 도모하고 사회·경제의 발전에 이바지함을 목적으로 한다(제1조). 평생직업능력개발법에 따라 국가가 시행하는 직업능력개발훈련 사업의 세부 항목으로 근로자의 자율적인 직업능력개발지원, 사업주등의 직업능력개발사업지원 등을 간략히 설명하였다.

제9장

인적자원개발을 위해 일하는 사람들

학습목표

1. 인적자원개발을 위해 일하는 평생교육사, 인적자원개발담당자, 직업능력개발훈련교사의 과업과 자격, 역할 등을 설명할 수 있다.

인적자원개발의 기초

제9장

인적자원개발을 위해 일하는 사람들

학교교육이 도입, 확산되는 과정에서 학교 교사라는 직업이 등장하고 하나의 전문직으로 발전한 것과 같이 국가 및 조직 수준의 인적자원개발 규모가 커지고 중요성이 높아지면서 평생교육사, 인적자원개발담당자, 직업능력개발훈련교사 등 인적자원개발과 관련된 여러 가지 직무와 직업이 탄생하였다. 평생교육 분야의 평생교육사는 평생교육 프로그램의 기획, 개발, 조직, 운영 및 평가를 담당한다. 기업교육 분야에서 활동하는 전문가인 인적자원개발담당자(인력개발담당자)는 기업의 성과개선을 위한 능력개발, 수업설계, 교육 훈련의 실행, 평가, 조직개발과 변화관리 등을 담당한다. 직업능력개발에 종사하는 직업능력개발훈련교사는 직업훈련프로그램의 기획, 운영, 전문적 직무능력의 훈련, 개발, 평가 그리고 취업지도 등을 실시한다. 본장에서는 평생교육사, 인적자원개발담당자, 직업능력개발훈련교사의 과업과 역할, 자격 등에 대하여 개관하기로 한다.

1. 평생교육사

앞의 제2장에서 살펴본 바와 같이 평생교육이란 학교의 정규교육과정을 제외한 학력보완교육, 성인 기초·문자해득교육, 직업능력 향상교육, 인문교양교육, 문화예술교육, 시민참여교육 등을 포함하는 모든 형태의 조직적인 교육활동을 말한다(평생교육법 제2조). 평생교육사란 국가 및 지역의 평생교육 진흥을 위하여 평생교육현장에서 평생교육의 기획·진행·분석·평가 및 교수업무 등 평생교육 관련업무의 전반적인 영역을 담당하는 현장전문가를 말한다(교육부, 2014). 시·도평생교육진흥원 및 평생교육법 제21조에 따른 시·군·구평생학습관 등 평생교육기관은 평생교육사를 배치하도록 되어 있다(평생교육법 제26조)

평생교육사의 주요 직무는, 평생교육 관련 요구분석·개발·운영·평가·컨설팅 업무, 학습자에 대한 평생학습정보 제공 업무, 학습자의 생애능력발달 상담, 교수학습 업무, 그 밖의 평생교육 진흥 관련 사업계획 등(교육부, 2014: 1)으로 구분된다. 평생교육진흥원은 평생교육사의 직무를 책무와 과업으로 구분하여 〈표 9-1〉과 같이 제시하였다.

평생교육사들이 활동하는 영역은 지방자치단체의 평생교육센터, 인재개발원, 시민단체들이 운영하는 여성회관, 문화원, 문화센터 등 평생교육 혹은 사회교육 관련기관, 기업체 교육담당 부서, 민간조직의 인력관리 및 개발부서, 여성단체나 환경단체 등의 교육훈련부서, 사회복지관이나 노인복지관의 사회교육프로그램 담당, 기타 교육컨설팅전문기관 등 매우 다양하다. 승진이나 경력발달은 개인의 능력에 따라 다르며 소속기관의 인력체계 및 관행에 따라 다르지만, 자원봉사자-인턴(수습사원)-정규직원이라는 취업경로를 거치는 경우가 많다. 평생교육사에게는 특히 사회현상이나 사람들의 사회 심리적 요구 등을 이해하고 결론을 토출할 수 있는 이해력과 판단력, 문서작성과 내용전달을 위한 언어적 표현능력, 실무자 조직이나 회원 조직을 이끌 수 있는 지도력, 참신한 프로그램을 기획할 수 있는 뛰어난 기획력, 다른 사회교육기관의 실무자나 조직 내 동료 혹은 프로그램 수강자와 조화로운 인간관계를 형성하기 위한 협조성이 요구된다(한국직업능력개발원, 1999).

표 9-1 평생교육사의 직무체제모델

책무	과업
조사 분석	학습자 특성 및 요구조사·분석, 평생학습 참여율 조사, 평생학습 자원 조사·분석, 평생학습권역 매핑, 평생학습 SWOT 분석, 평생학습 프로그램 조사·분석, 평생학습 통계 데이터 분석, 평생학습자원 및 정보 DB 구축
네트워킹	평생학습 네트워크체제 구축, 인적·물적 자원 네트워크 실행, 사업 파트너십 형성 및 실행, 사이버 네트워크 구축 및 촉진, 조직 내·외부 커뮤니케이션 촉진, 협의회 및 위원회 활동 촉진, 지원세력 확보 및 설득, 평생교육사 임파워먼트 실행
운영 지원	학습자 관리 및 지원, 강사 관리 및 지원, 프로그램 홍보 및 계획, 학습시설·매체관리 및 지원, 프로그램 관리운영 및 모니터링, 학습결과 인증 및 관리, 평생학습 예산관리 및 집행, 기관 홈페이지 관리 및 운영
변화 촉진	평생학습 참여 촉진, 평생학습자 인적자원 역량개발, 학습동아리 발굴 및 지원, 평생학습 실천지도자 양성, 평생교육단체 육성 및 개발, 평생교육 자원봉사활동 촉진, 평생학습 관계자 멘토링, 평생학습 공동체 및 문화조성
평가 보고	평생학습 성과지표 창출, 목표대비 실적 평가, 평생학습 영향력 평가, 평생학습 성과관리 및 DB 구축, 우수사례 분석 및 확산, 공모사업 기획서 평가, 평가보고서 작성, 평가발표자료 제작 및 발표, 프로그램 프로파일 생성, 지식창출 성과 정리
기획 계획	평생학습 비전과 전략 수립, 평생학습 추진체제 설계, 평생학습 중·장기/연간계획 수립, 평생학습 단위사업계획 수립, 평생학습 축세 기획, 평생학습 공모사업 기획서 작성, 평생학습 예산계획 및 편성, 평생학습 실행계획서 수립

프로그램 개발	프로그램 개발 타당성 분석, 프로그램 요구분석 및 우선순위 설정, 프로그램 목적/목표 설정 및 진술, 프로그램 내용 선정 및 조직, 프로그램 매체 및 자료 개발, 프로그램 실행 계획 및 매뉴얼 제작, 프로그램 실행 자원 확보, 프로그램 특성화 및 브랜드화, 프로그램 분류 및 의미 창출, 프로그램 지적, 문화적 자산화
교수 학습	학습자 학습동기화 촉진, 강의 원고 및 교안 작성, 단위 프로그램 강의, 평생교육사업 설명회 및 교육, 평생교육 관계자 직무교육, 평생교육사 실습지도, 평생교육 자료 및 매체 개발, 평생교육사 학습 역량 개발
상담 컨설팅	학습자 상황분석, 학습장애 및 수준 진단·처방, 평생학습 상담사례 정리 및 분석, 생애주기별 커리어 설계 및 상담, 평생학습 ON/OFF 라인 정보제공, 평생학습 상담실 운영, 학습자 사후관리 및 추수지도, 의뢰기관 평생학습 자문 및 컨설팅
행정 경영	국가 및 지방정부 평생학습 공문 생성, 평생학습 공문 회람 및 협조, 평생학습기관 및 담당부서 업무보고, 광역/기초 단체장 지침과 관심 반영, 평생학습 감사자료 생성과 보관, 평생학습관 모니터링 및 감사, 평생학습기관 효율적 경영전략 추진, 평생학습관련 기관의 경영수지 개선

자료: 국가평생교육진흥원(2011: 22), ISSUE PAPER 평생교육사 배치활성화 방안 연구.

평생교육사의 자격은 평생교육법 제24조 제1항에 정한 바와 같이 교육부장관이 자격조건을 구비한 자에게 부여한다. 평생교육법시행령 제15조 및 제16조 제2항과 관련된 평생교육사의 등급별 자격요건은 〈표 9-2〉와 같다.

표 9-2 평생교육사의 등급별 자격요건

[평생교육법시행령 별표 1의 3, 개정 2021. 12. 9]

등급	자격기준
1급	평생교육사 2급 자격증을 취득한 후, 교육부장관이 정하는 평생교육과 관련된 업무(이하 "관련업무"라 한다)에 5년 이상 종사한

	경력이 있는 자로서 진흥원이 운영하는 평생교육사 1급 승급과정을 이수한 자
2급	1. 「고등교육법」 제29조 및 제30조에 따른 대학원에서 교육부령으로 정하는 평생교육과 관련된 과목(이하 "관련과목"이라 한다) 중 필수과목을 15학점 이상 이수하고 석사 또는 박사학위를 취득한 자. 다만, 「고등교육법」 제2조에 따른 학교(이하 "대학"이라 한다)에서 필수과목을 이수한 경우에는 선택과목으로 필수과목 학점을 대체할 수 있다. 2. 대학 또는 이와 같은 수준 이상의 학력을 인정할 수 있는 기관, 「학점인정 등에 관한 법률」에 따라 평가인정·을 받은 학습과정을 운영하는 교육훈련기관(이하 "학점은행기관"이라 한다)에서 관련과목을 30학점 이상 이수하고 학위를 취득한 자 3. 대학을 졸업한 자 또는 이와 같은 수준 이상의 학력이 있다고 인정되는 자로서 다음 각 목의 어느 하나에 해당하는 기관에서 관련과목을 30학점 이상 이수한 자 가. 대학 또는 이와 같은 수준 이상의 학력을 인정할 수 있는 기관 나. 법 제25조 제1항에 따른 평생교육사 양성기관(이하 "지정양성기관"이라 한다) 다. 학점은행기관 4. 평생교육사 3급 자격증을 보유하고 관련업무에 3년 이상 종사한 경력이 있는 자로서 평생교육진흥원이나 지정양성기관이 운영하는 평생교육사 2급 승급과정을 이수한 자
3급	1. 대학 또는 이와 같은 수준 이상의 학력을 인정할 수 있는 기관, 학점은행기관에서 관련과목을 21학점 이상 이수하고 학위를 취득한 자 2. 대학을 졸업한 자 또는 이와 같은 수준 이상의 학력이 있다고 인정되는 자로서 다음 각 목의 어느 하나에 해당하는 기관에서 관련과목을 21학점 이상 이수한 자 가. 대학 또는 이와 같은 수준 이상의 학력을 인정할 수 있는 기관 나. 지정양성기관 다. 학점은행기관 3. 관련업무에 2년 이상 종사한 경력이 있는 자로서 평생교육진흥원이나 지정양성기관이 운영하는 평생교육사 3급 양성과정을 이

<table>
<tr><td></td><td>수한 자
4. 관련업무에 1년 이상 종사한 경력이 있는 공무원 및 「초·중등교육법」 제2조 제2호부터 제6호까지의 학교 또는 학력인정 평생교육시설의 교원으로서 진흥원이나 지정양성기관이 운영하는 평생교육사 3급 양성과정을 이수한 자</td></tr>
</table>

평생교육사 2급을 취득하기 위해 대학이나 대학원에서 이수해야 할 "평생교육과 관련된 과목"은 〈표 9-3〉과 같다.

표 9-3 평생교육사 자격취득 관련 과목

<table>
<tr><th colspan="2">구분</th><th colspan="2">과목명</th><th>비고</th></tr>
<tr><td colspan="2">필수과목
(5)</td><td>평생교육론
평생교육방법론
평생교육경영론</td><td>평생교육프로그램개발론
평생교육실습(4주간)</td><td rowspan="5">과목당 3학점,
평균 80점
이상의 학습
성적</td></tr>
<tr><td rowspan="4">선택
과목
(21)</td><td rowspan="2">실천
영역
(8)</td><td>아동교육론
청소년교육론
여성교육론
노인교육론</td><td>시민교육론
문자해득교육론
특수교육론
성인학습 및 상담</td></tr>
<tr><td colspan="2">1과목 이상 선택하여야 함</td></tr>
<tr><td rowspan="2">방법
영역
(13)</td><td>교육사회학
교육공학
교육복지론
지역사회교육론
문화예술교육론
인적자원개발론
직업·진로설계</td><td>원격(이러닝, 사이버)교육론
기업교육론
환경교육론
교수설계
교육조사방법론
상담심리학</td></tr>
<tr><td colspan="2">1과목 이상 선택하여야 함</td></tr>
</table>

2. 인적자원개발담당자

기업조직의 성격은, 구성원의 규모가 얼마나 되는가, 생산하는 제품이나 서비스가 무엇인가, 주요 고객이 누구인가, 그리고 경영자가 어떠한 리더십을 가지고 기업을 이끌어 가는가에 따라 매우 다양하게 나타난다. 인적자원개발 부문이 차지하는 비중과 수행하는 과업도 기업조직의 성격에 따라 큰 차이가 있다. 예를 들어 대기업일수록 인적자원개발담당자를 교육전문가로 이해하였으나 500인 미만으로 가면 인사 및 노무전문가로 이해하고 있었다(김주일 외, 2005). 신생기업이며 규모가 작고 소유경영자가 지배하는 기업일수록 인력개발 직능과 인사노무 직능이 분리되지 않았다. 설립역사가 긴 기업일수록 교육전문가로 이해하였고, 소유경영자가 경영하는 기업보다 전문경영자가 경영하는 기업에서 인적자원개발담당자를 교육전문가로 파악하였다. 소유경영자는 그를 인사노무담당자로 보는 경향이 컸다(김주일 외, 2005).

근로자직업능력개발법은 "인력개발담당자"의 선임을 권고하며(근로자직업능력개발법 제4조 제2항), 그의 역할을 "직업능력개발훈련시설 및 기업 등에서 직업능력개발사업의 기획, 운영, 평가 등을 수행"하는 것으로 규정하고 있다.[1] 그리고 동법 18조에는 공공단체의 직업능력개발사업 중에 인력개발담당자의 양성 및 능력개발사업이 포함되어 있다. 기업의 직업능력개발훈련을 위해 그 일을 전문적으로 수행할 사람을 선임하도록 한 다른 나라의 사례는 80년대에 직업능력개발촉진법을 도입하고 직업훈련체제를 정비한 일본에서도 찾아볼 수 있다. 일본의 직업능력개발 촉진법의 경우, 사업주는 양성, 향상, 전직 훈련 등의 계

1) 본서는 근로자직업능력개발 제4조에서 말하는 인력개발담당자를 인적자원개발담당자와 같은 의미로 사용하고자 한다.

획을 작성하고 그 계획의 원활한 실시를 도모하기 위해 그 업무를 담당하는 "직업능력개발추진자(職業能力開發推進者)"를 선임하도록 노력해야 한다"고 하여, 우리와 달리 100명 이상의 기업에 대해서는 전임자를 두도록 강제하고 있다(일본 직업능력개발촉진법 제12조). 우리나라의 근로자직업능력개발법도 인력개발 담당자의 선임을 미약하게 권고하고 있지만, 의무화하지 않았다. 동법은 공공부문의 임무에 인력개발담당자의 양성 및 능력개발을 포함시키고 이들을 위한 연수사업 지원을 강화하는 등, 직업능력개발 담당자의 역할과 지위를 확립하고자 하며, 그 직무를 수행하는 데 전문적 자질과 능력이 필요하다는 것을 간접적으로 표명하고 있다. 기업에서 인적자원개발관련 업무를 수행하는 인적자원개발담당자의 역할을 살펴보기로 한다.

역할이란 사람들이 기대하는 일련의 행동이다. 앞에서 언급한 바와 같이 기업의 성격이나 외부 환경에 따라 인적자원개발담당자라는 특정 지위에 대한 역할기대와 자기 자신의 역할 인식이 일치하지 않는 데서 오는 역할갈등, 역할모호성 등 여러 가지 문제점이 발생할 수도 있다(김현수, 김성수, 강정옥, 1999). 인적자원개발 관련 연구가 시작된 이후 인적자원개발담당자의 역할을 명확하게 규명하기 위한 연구가 지속적으로 수행되는 것은 이 때문이다.

국내 1,020여개 기업을 대상으로 인적자원개발담당자의 역할을 확인한 연구(김현수, 1999: 95-97)에 의하면 우리나라의 인적자원개발담당자들은 상대적으로 설계자의 역할을 가장 많이 수행하고 있으며, 그 다음으로 개발자와 교수자의 역할을 많이 수행한다. 이에 비하여 관리자, 분석가, 평가자, 변화촉진자의 역할은 비교적 적게 수행하는 것으로 나타났다. 다른 연구에서도 인력개발부서의 주요업무는 회사비전과 전략에 부응하는 교육계획의 수립(35.1%)과 능력개발계획 및 훈련체계 수립(28.6%)인 것으로 나타났다(한국능률협회, 2000).

인적자원개발담당자에게는 역할에 따라 전문적인 능력이 요구된다. 미국에 본부를 두고 인적자원개발전문가 자격증을 발급하고 있는 인재개발협회(ATD, Association for Talent Development)는 소셜미디어가 발달하고 개인주도적인 평생학습이 확산되고 있는 사회변화에 따라 인적자원개발전문가에게는 성과개선을 위한 능력개발, 수업설계, 훈련실시, 학습기법, 학습성과의 평가, 학습프로그램과 경영전략의 연계, 통합적 인재경영, 코칭, 지식경영, 그리고 변화관리 등 10가지의 전문성이 요구된다고 기준을 설정하였다.[2] 이들을 세부적으로 살펴보면 다음과 같다.

1. **성과개선을 위한 능력개발**: 체계적으로 성과목표와 현재 수행수준간의 차이를 확인하고 그 차이를 좁히기 위한 대책을 실행할 수 있다. 이를 위해 고객 확인, 수행성과 분석, 원인분석, 체제분석, 자료수집, 고객과 이해당사자의 요구분석, 대안의 선택, 성과개선을 위한 능력개발 프로젝트의 관리 및 실행, 관계수립 및 유지, 활동결과와 조직목적의 비교, 그리고 변화의 관찰 등을 할 수 있어야 한다.

2. **수업설계**: 형식적 비형식적 학습활동을 설계하고 다양한 방법으로 전개한다. 이를 위해 요구분석, 적절한 학습활동의 확인, 학습이론의 적용, 협동, 교육과정, 프로그램 혹은 학습활동의 설계, 수업매체의 설계, 기술적 방법의 선택, 기술적 선택의 통합, 수업재료개발, 학습활동 설계 평가 등을 수행한다.

3. **훈련 실시**: 형식적, 비형식적 훈련을 흥미있고 효과적인 방법으로 실시한다. 이를 위해서는 학습 환경의 관리, 훈련 준비, 목표 전달, 과정의 목표 및 학습자 요구와 훈련의 조율, 교수자로서 신뢰구축, 능동적 학습 분위기 조성, 다양한 학습방법의 적용, 학습의 촉진, 참여의

2) https://www.td.org/Certification/Competency-Model.

격려와 동기부여, 구성적 피드백 주기, 학습 결과의 강화, 평가 등의 능력이 요구된다.

4. **학습 기법의 적용**: 특정의 학습요구에 적합한 학습기법을 적용하게 한다. 이를 위해 전문성 영역 간 상호 융합적 접근을 활용하고, 해당 기법을 언제 어떻게 적용할 것인지 확인한다.

5. **학습성과의 평가**: 학습활동의 성과를 측정할 수 있는 체크리스트 및 매트릭스를 활용한다. 이를 위해 참여자의 기대확인, 적절한 전략, 연구설계, 측정 방법의 선택, 평가계획에 대한 소통과 지지 확보, 자료수집, 자료 분석 및 해석, 학습성과의 분석, 차기 학습활동을 위한 제안 등을 할 수 있다.

6. **학습프로그램과 경영전략의 연계**: 조직의 인적자원전략 수립 및 인적자원개발 프로젝트와 활동을 실행한다. 이를 위해 비전수립, 전략수립, 실행계획의 실천, 예산확보 및 집행, 부하관리, 인적자원개발의 역할모델, 타인의 관리, 프로젝트 관리 및 실행, 외부 자원의 관리, 법적, 윤리적 요건 및 내규 준수 등을 이행해야 한다.

7. **통합적 인재 경영**: 인재개발을 통한 조직문화, 능력, 역량, 그리고 책무 등을 확립한다. 이를 위해 조직목표와 인재경영의 한 방향 정렬, 인재경영 시스템의 활용, 경영진의 인재개발 관여 지원, 인재개발을 위한 자원투입의 조직, 고성과 작업장 만들기, 인적자원 운영 및 승계계획, 구성원의 능동적 참여와 근속노력 지원, 개인 및 조직성과 평가, 인적자원 경영성과분석 매트릭스를 활용한다

8. **코칭**: 다른 사람이 자신의 능력개발을 위하여 목표설정, 학습실행, 강점 강화 등을 체계적으로 계획하고 실행하도록 도와준다. 이를 위하여 코칭약정체결, 고객과의 신뢰와 친밀감 형성, 코칭의 실행, 적극적 경청, 역동적 질문, 직접적 의사소통의 활용, 의식형성, 학습활동설계, 목표 및 계획의 수립, 성장과정과 책무성의 관리, 전문적 윤리와

규범의 준수 등이다.

9. **지식경영**: 지식의 공유와 협력을 촉진하고 지적 자산을 확보, 분배, 축적한다. 이를 위해 지식경영을 장려하고, 지식경영 모범 사례와 경험을 벤치마킹하며, 협력을 장려한다. 소셜 미디어를 통한 학습을 촉진하고 지식문화를 확립하며, 지식경영 인프라를 확립한다. 기술적으로 최적화된 환경을 구축하고 정보의 수명주기를 관리하며 지식경영 프로그램을 설계, 실행한다. 지식을 학습으로 전환하게 하고 지식경영의 성과를 평가한다.

10. **변화관리**: 개인, 팀, 조직이 현재의 수준에서 바람직한 상태로 이행하는 것을 체계적으로 관리한다. 이를 위해서는 변화의 주제와 시원자의 관계를 확립하고 적극적으로 참여하게 하고 변화를 위한 약정을 체결한다. 진단평가, 피드백 주기, 전략적 변화 계획수립, 변화에 대한 개입과 지원, 변화성과와 조직문화의 통합촉진, 성과지향 관리, 결과 평가 등을 수행한다.

3. 직업능력개발훈련교사

우리나라에서 직업능력개발훈련을 실시하는 일에 교사자격을 요구하게 된 것은 1967년 직업훈련법이 제정된 이후이다. 그전에는 직업능력개발훈련이란 미숙련자가 숙련된 기술자들의 일을 보조하면서 곁눈질로 배우는 것이라고 생각하였기 때문에 훈련교사가 되기 위해 별도의 교육을 받고 자격을 취득한다는 것은 생각할 수 없었다. 가르치는 사람은 새것을 연구하고 탐구할 필요 없이 단지 “자신이 숙달해 있는 옛 것”을 가르치고, 훈련생은 그것을 답습하면 그만이었다. 또한 가르치는 사람은 자신을 교사라기보다는 기술자로 인식하였으므로 배우는 사람의 입장에서 어떻게 하면 더 쉽고 빠르고 재미있게 배울 수 있는지에 대한 관심을 가질 필요도 없었다(임세영, 1998). 지난 60-80년대의 고도 성장기를 거치는 동안 직업능력개발훈련은 여러 면에서 과거와 비교할 수 없게 변모하였다. 현장에서 견습공으로 일을 배우는 시범과 모방 훈련 형태에서 벗어나 체계적이고 집중적으로 직업 기술을 배울 수 있는 전문 훈련기관들이 전국적으로 설립되었고, 주로 청소년들을 대상으로 한 양성훈련이 주도하던 시대를 지나 재직근로자나 전직대상자, 능력개발지망자 등 성인을 대상으로 한 과정들이 주를 이루게 되었다.

직업능력개발훈련교사의 자격은 1급, 2급 및 3급으로 구분된다. 국민평생직업능력개발법 제33조 제2항에 따른 직업능력개발훈련교사의 등급별 자격기준은 다음 〈표 9-4〉와 같다. 〈표 9-4〉에 제시된 바와 같이 직업능력개발훈련교사로 입직할 수 있는 통로는 폭넓게 열려있다. 대표적인 자격취득자는 직업능력개발훈련교사의 양성을 위한 훈련과정(4년제 과정)을 수료한 사람으로서 산업기사 이상의 자격을 취득한 사람, 고용노동부장관이 정하여 고시하는 직종의 학사학위 이상의 학위를 취득하고 3년 이상의 교육훈련 경력 또는 실무경력이 있는 사람으로서 고용노동부령으로 정하는 훈련을 받은 사람, 기사 자격을 취득하고 1년 이상의 교육훈련 경력 또는 실무경력이 있는 사람으로서 고용노동부령으로 정하는 훈련을 받은 사람, 산업기사 자격을 취득하고 3년 이상의 교육훈련 경력 또는 실무경력이 있는 사람으로서 고용노동부령으로 정하는 훈련을 받은 사람 등이다.

자격기준에서 말하는 고용노동부령으로 정하는 훈련이란 한국기술교육대학교 능력개발교육원에서 실시하는 직업능력개발훈련교사 교직훈련과정을 말한다. 동 과정은 직업훈련에 관한 기본지식과 직업능력개발에 대한 이해, 해당 직종의 지식과 기술을 효과적으로 지도할 수 있는 실제적인 능력 배양하는 데 목적이 있다. 교육프로그램은 3주간의 집체교육과 6주간의 온라인과정으로 구성되며 총 150시간을 이수해야 한다.[3] 3급자격소지자가 2급자격을 취득하고자 하거나 2급자격소지자가 1급 자격을 취득하고자 할 경우 직업능력개발훈련교사 향상훈련을 이수해야 한다. 향상훈련과정은 상위자격을 취득하고자 하는 직업능력개발훈련교사에게 필요한 직업훈련에 관한 지식과 인간의 직업능력개발에 대한 이해력을 육성하고 해당 직종의 지식과 기술을 효과적으로 지도할 수 있는 실제적 능력을 배양한다. 교육은 집체방식으로 실시되며 총교육시간은 70시간이다.[4]

표 9-4 직업능력개발훈련교사 자격기준

[근로자직업능력개발법시행령 제28조 제2항 관련, 개정 2023. 1. 10]

구분	자격기준
1급	직업능력개발훈련교사 2급의 자격을 취득한 후 고용노동부장관이 정하여 고시하는 직종에서 3년 이상의 교육훈련 경력이 있는 사람으로서 향상훈련을 받은 사람
2급	1. 직업능력개발훈련교사 3급의 자격을 취득한 후 고용노동부장관이 정하여 고시하는 직종에서 3년 이상의 교육훈련 경력이 있는 사람으로서 향상훈련을 받은 사람 2. 고용노동부장관이 정하여 고시하는 직종에서 요구하는 기술사 또는 기능장 자격을 취득하고 고용노동부령으로 정하는 훈련을 받은 사람 3. 고등교육법 제14조 제2항에 따른 교수·부교수·조교수로 재직 중 고용노동부장관이 정하여 고시하는 직종에서 2년 이상의 교육훈련 경력이 있는 사람

3) 교육프로그램은 2주간 86시간의 교직과정, 6시간 활용과성(실습)과 온라인 58시간 과정을 이수해야 하며, 종합평가를 수료해야 한다(한국기술교육대학교 능력개발교육원, 2019. 12) hrdi.koreatech.ac.kr/.

4) http://hrdi.koreatech.ac.kr/info/info2_3.asp.

3급	1. 법 제52조의2에 따라 설립된 기술교육대학에서 고용노동부장관이 정하여 고시하는 직종에 관한 학사학위를 취득한 사람 2. 고용노동부장관이 정하여 고시하는 직종에 관한 학사 이상의 학위를 취득한 후 해당 직종에서 2년 이상의 교육훈련 경력 또는 실무경력이 있는 사람으로서 고용노동부령으로 정하는 훈련을 받은 사람 3. 고용노동부장관이 정하여 고시하는 직종에 관한 학사 이상의 학위를 취득한 후 해당 직종에서 요구하는 「초·중등교육법」 제21조 제2항 및 같은 법 별표 2에 따른 중등학교 정교사 1급 또는 2급의 자격을 취득한 사람 4. 고용노동부장관이 정하여 고시하는 직종에서 요구하는 기술·기능 분야의 기사 자격증을 취득한 후 해당 직종에서 1년 이상의 교육훈련 경력 또는 실무경력이 있는 사람으로서 고용노동부령으로 정하는 훈련을 받은 사람 5. 고용노동부장관이 정하여 고시하는 직종에서 요구하는 기술·기능 분야의 산업기사·기능사 자격증, 서비스 분야의 국가기술자격증 또는 그 밖의 법령에 따라 국가가 신설하여 관리·운영하는 자격증을 취득한 후 해당 직종에서 2년 이상의 교육훈련 경력 또는 실무경력이 있는 사람으로서 고용노동부령으로 정하는 훈련을 받은 사람 6. 고용노동부장관이 정하여 고시하는 직종에서 5년 이상의 교육훈련 경력 또는 실무경력이 있는 사람으로서 고용노동부령으로 정하는 훈련을 받은 사람 7. 그 밖에 고용노동부장관이 정하여 고시하는 기준에 적합한 사람으로서 고용노동부령으로 정하는 훈련을 받은 사람

[비고]
직업능력개발훈련교사의 직종, 직종별 요구자격증과 경력인정기준, 교육훈련 경력 및 실무경력의 인정기준 등은 고용노동부장관이 정하여 고시한다.

직업능력개발훈련교사들이 수행하는 역할은 교육과정 설계자, 강의 및 수업운영자, 시설장비 관리자, 학생관리 및 상담자, 취업지도자, 신입생 홍보담당자, 행정업무수행자 등으로 구분된다(조세형 외, 2013; 최명란·윤관식, 2011). 교육과정 설계자는 훈련생들이 취업하고자 하는 직업분야의 직무수행에 필요한 능력이 무엇인지 조사 분석하여, 그에 적합한 교육프로그램을 구성한다. 강의 및 수업운영이란 학습자의 학습목표에 적합한 교수학습활동을 준비, 실행, 평가하는 것을 말한다. 교사는 교육훈련을 위해 필요한 시설과 장비도 유지, 관리해야 한다. 또한 직업능력개발훈련교사는 학습자가 지속적으로 동기를 유지하며 학습과 훈련에 열중하도록 훈련생들에게 관심을 갖고 관찰하고 상담, 지도한다. 그 밖에 취업지도, 신입생 모집을 위한 홍보, 행정업무도 수행한다.

담당 전공 교과에 관한 충분한 지식과 기술, 해당 직종의 교육과정을 직무분석에 의해 계획하고 운영할 수 있는 능력, 담당교과를 살 가르칠 수 있는 능력, 수업에 필요한 교재를 준비하고 제작할 수 있는 능력, 실험 실습을 위한 계획을 수립하고 실습장을 교육목표 달성을 위해 조직하고 운영하며, 실기지도를 잘할 수 있는 능력, 수업결과를 학업 성취도와 현장 직무 능력과 관련하여 평가할 수 있는 능력, 현장실습을 계획하고 지도하여 평가할 수 있는 능력, 학교와 지역 사회의 유대를 공고히 하고, 특히 산학협동을 적극적으로 추진할 수 있는 능력, 생활 지도를 잘할 수 있는 능력, 담당학급을 잘 경영할 수 있는 능력, 진로지도, 특히 직업지도를 잘하고 졸업생들의 추수 지도를 활성화 할 수 있는 능력, 전문교과와 관련된 최신의 지식과 기술을 계속 수집 분석하여, 담당교과에 대한 전문성을 제고할 수 있는 능력 등이 요구된다(이무근, 1993; 김준수 외, 2004). 요약하면 직업능력개발훈련교사에게 필요한 자질은 직업에 대한 전문적인 능력, 교육적 능력, 생활지도 능력 그리고 사명감과 열의로 구분되며 구체적으로 다음과 같다.

첫째로 훈련교사는 자신의 직업분야에서 오랜 경험을 쌓아 기술적 능력이 충분함을 입증하거나, 전문적인 교육 훈련 과정을 이수하여 직무 기술상의 전문적인 능력을 지녀야 한다. 교사는 담당하는 직업(혹은 직종)이 요구하는 지식과 기술에 대해 정통해야 하며 실제의 현장경험을 가지고 있어야 한다. 그리고 해당 직업 기술의 변화나 발전에 뒤떨어지지 않도록 새로운 정보의 흡수에 적극적인 관심을 기울여야 한다. 따라서 교사가 된 후에도 자기의 관련 직업상의 전문적인 능력을 유지, 발전시키기 위하여 부단히 노력하여야 한다.

둘째, 훈련-학습과정에서 전문 분야의 지식과 기술을 체계적으로 조직하여 훈련생들에게 가르치고 훈련생들의 학습활동을 효과적으로 지도할 수 있는 능력과 기술이 있어야 한다. 우수한 기술자나 기능공이 반드시 우수한 교사라고 할 수 없는 것은 자신이 알고 할 수 있는 것과 잘 가르치는 것은 별개의 문제이기 때문이다.

셋째, 훈련생의 생활을 지도하고 상담할 수 있는 지도력이 있어야 한다. 직업능력개발훈련을 이수하는 훈련생들이 진로에 대한 고민과 좌절감 등을 안고 고민하는 경우가 적지 않다.

넷째, 교직에 사명감과 열의가 있어야 한다. 바람직한 교사상은 타고나는 것이 아니라 끊임없는 탐구와 노력으로 만들어 가는 것이다. 처음 교단에 서는 날부터 수업을 효과적으로 전개하고 학생들과 긴밀한 교감을 교환한다는 것은 드문 경우 가능하지만, 일반적으로 쉽지 않다. 그러나 훌륭한 교사가 되기 위해 반드시 요구되는 자질이 있다면 그것은 교육에 대한 열의다(슈프랑거, 1982). 효과적인 수업을 실현함에 있어서 교육에 대한 열의와 교직에 대한 태도가 전문 지식이나 기술보다 우선되어야 한다.

4. 종합 정리

본 장에서는 평생교육사, 인적자원개발담당자, 직업능력개발훈련교사의 역할, 자격 및 교육 등에 대하여 개관하였다. 제1절은 평생교육사에 대하여 설명하였다. 평생교육사가 하는 일은 평생교육프로그램의 기획, 개발, 조직, 운영, 평가 및 성인들에 대한 학습상담과 생애개발 지원, 학습환경 및 조직에 대한 교육적 자문 등이다. 평생교육사들이 활동하는 영역은 지방자치단체의 평생교육센터, 인재개발원, 시민단체들이 운영하는 여성회관, 문화원, 문화센터 등 평생교육 혹은 사회교육 관련기관, 기업체 교육담당 부서, 민간조직의 인력관리 및 개발부서, 여성단체나 환경단체 등의 교육훈련부서, 사회복지관이나 노인복지관의 사회교육프로그램 담당, 기타 교육컨설팅전문기관 등 매우 다양하다.

제2절은 인적자원개발담당자의 역할과 과업을 다루었다. 그들은 훈련시설 및 기업 등에서 직업능력개발사업의 기획, 운영, 평가 등을 수행한다. 인적자원개발전문가 자격증을 발급하고 있는 미국인재개발협회(ATD)는 소셜미디어가 발달하고 개인주도적인 평생학습이 확산되고 있는 사회변화에 따라 인적자원개발전문가에게는 성과개선을 위한 능력개발, 수업설계, 훈련실시, 학습기법, 학습성과의 평가, 학습프로그램과 경영전략의 연계, 통합적 인재경영, 코칭, 지식경영, 그리고 변화관리 등 10가지의 전문성이 요구된다고 하였다.

제3절은 직업능력개발훈련 교사의 역할과 자격에 대해 설명하였다. 직업훈련교사의 역할과 자질에 대한 여러 연구들을 종합하여 보면 직업능력개발훈련교사에게 필요한 능력은 직업에 대한 전문적인 능력, 교육적 능력, 생활지도 능력 그리고 사명감과 열의로 구분된다. 교사는 담당하는 직업(혹은 직종)이 요구하는 지식과 기술에 대해 정통해야 하며, 현

장경험을 가지고 있어야 하며, 훈련-학습과정에서 전문 분야의 지식과 기술을 체계적으로 조직하여 훈련생들에게 가르치고 훈련생들의 학습활동을 효과적으로 지도할 수 있는 능력과 기술이 있어야 한다. 훈련생의 생활을 지도하고 상담할 수 있는 지도력이 있어야 하며, 교직에 사명감과 열의가 있어야 한다. 효과적인 수업을 실현함에 있어서 교육에 대한 열의와 교직에 대한 태도가 전문 지식이나 기술보다 우선한다.

참고문헌

참고문헌은 스마트폰으로 QR코드를 스캔하면 보실 수 있습니다.

찾아보기

ㄱ

감각 57
강의법 103, 114
개념 정의 5
개발 94, 101
개인 4
개인주도적 경력개발 80
거시체제 43
경력 79
경력개발 75, 79
경력개발 계획 80
경력발달 모형 29
경력인식 80
경제개발5개년계획 146
경제성장 10
경제성장이론 15
계획수립 122
계획 확정 122
고등기술학교 150
고용센터 153
고용정보원 153
고용정책기본법 181
과제 설정 121
관찰과 성찰 66
교사간접개입 105
교사주도, 직접개입 105
교사진행 토의 104
교수체제개발 108
교수체제개발(ISD) 모형 94, 113
교수학습활동계획 100
교양과 취미를 위한 평생학습 34
교육인적자원부 146
교육훈련 목표의 정의 98
교재 및 작업지침서 101
국가 4
국가인적자원개발 139
국가인적자원개발기본계획 147
국가인적자원개발의 영역과 기능 147
국가인적자원개발의 유형 141
국가인적자원개발 컨소시엄 186
국가자격 178
국가자격제도 177
국가직무능력표준 96, 178

국민공통교육과정 12
국민평생직업능력개발법 22, 183
근로자 174
근로자직업능력개발법 154
기술전문직제도 82
기억 57
기업인적자원개발 73
기업인적자원개발의 특징 88

ㄴ
내부노동시장 154
내일배움카드제(직업능력개발계좌제) 185
니마닉스 65

ㄷ
도구적 측면 7

ㅁ
멘토링 78
목표설정 및 계획수립 60
무형식적 학습 32
문제 130
문제해결 57
문제해결법 104
미시체제 43
민간자격 178

ㅂ
반응평가 106
변화관리 203
변화촉진자 86
분권형 자유시장 모형 143
분권형 자유시장모형 142
분석 94
브레인스토밍 104
비형식교육영역 154
비형식교육훈련 32

ㅅ
사례연구 104
사례연구법 104
사회시장경제적 모형 142, 144
사회적 자본 155
산업교육 157
산업교육진흥및산학연협력에 관한 법률 157
산업수요맞춤형고등학교(마이스터고등학교) 150
산업인력개발 21
산학연협력촉진 157
산학협력선도대학육성사업 158
생산 활동과 사회적 실천을 위한 학습 35
생산 활동과 사회적 실천을 위한 학습 35
설계 94
성인교육 15
성인학습자의 특성 102
성장 로드맵 제시하기 81
세계경제포럼 28
소집단 활동 104
숙련형성 18, 20
순환교육 154
승계계획 81, 83
실존을 위한 학습 35, 36

실행 94
실행단계 102
실행학습 128

ㅇ

아담 스미스 4, 18
안내문 학습 104
안드라고지 102
알기 위한 학습 35
언어이해와 산출 57
에버트 로웰 52
역량 12
오리엔테이션 77, 132
외체제 43
이행적모형 142
인간생태학 42
인력개발 11
인력개발계획 16
인력수급의 불일치(mismatch) 189
인적자본 18
인적자원 4, 18
인적자원개발 11
인적자원개발기본법 11
인적자원개발담당자 87, 199
인적자원개발을 위한 교수·학습법 113
인적자원개발을 위한 국가의 책무 167
인적자원개발의 주체 7
인적자원개발의 헌법적 기초 145
인적자원의 배분 148, 152
인적자원의 주인 6
인적자원의 형성 147, 148
인적자원의 활용 148, 153
인적자원형성 148
인지전략 59
인지조절 68
일반교육 12
일터수준의 인적자원개발 9
일하는 삶의 여정 27
일학습병행 186
일학습병행제 186

ㅈ

자격기본법 177
자기조절학습 59
작업지도법 104
장 로드맵 제시하기 81
재결빙 76
전략적 프레젠테이션 123
전문가 13
전문대학 150
전문성 12, 13
전환 76
정보수용 조절 67
정보수집 122
정서조절 67
정체파악 혹은 형태재인 57
조직 4
조직개발 76, 84
조직개발의 전개 절차 85
종합적 평생학습 모형 38
주의 57
주의조절 67
중간체제 43
중소기업 학습조직화지원사업 186

중소기업 핵심직무능력향상 186
중앙집중식 모형 142
지각 57
지식경영 203
지식경제론 36
지식기반경제 37
지식 분배 네트워크 38
직무능력표준(NCS) 177
직무적용평가 107
직업 20
직업교육 20
직업교육기관 149
직업능력개발을 위한 평생학습 34
직업능력개발훈련 22
직업능력개발훈련교사 203
직업능력개발훈련교사의 자격 204
직업능력개발훈련교사 자격기준 205
직업능력개발훈련의 개념 168
직업능력개발훈련의 대상 174
직업능력개발훈련 제도 173
직업훈련기본법 11
진로교육법 158

ㅊ

체계적 현장훈련(OJT) 135
초국가적 기구 11
초인지 전략 59
초인지(超認知) 55, 57
추리 577

ㅋ

커크패트릭의 4수준 평가 106

ㅌ

토의법 104, 118
투자효과분석 107
특성화고등학교 149

ㅍ

판단과 결정 57
평가 94
평가 모형 106
평가의 목적 105
평가 준거 106
평생교육법 196
평생교육사 194
평생교육사의 등급별 자격요건 196
평생학습 4, 27
평생학습사회 167
폴리텍대학 151
표준기반 정부주도 모형 142, 143
프로그램 개요 101
프로그램 안내 101
프로젝트기반학습 120
프로틴 경력 81

ㅎ

하비슨과 마이어스 15
학교교육 4
학습 57, 131
학습근로자 187
학습기업 187
학습생태학적 모형 38
학습성취도 평가 106
학습 코치 130, 131

학습 팀 130
학습하는 방법의 학습 52
한국직업능력개발원 28
함께 살기 위한 학습 35
해빙 76
핵심인재 82
핵심인재 개발제도 82
핵심인재 개발하기 81
행동조절 68
현장훈련(On the Job Training) 15, 78, 125
형식교육 15, 32
환경조절 68
훈련과 개발 74

ADDIE모형 108
AMEN 모델 116
GAME 모형 59
HRD(Human Resource Development) 15
JOB WORLD 153
OJT 125
Open Group 프로그램 130

저자 약력

임 세 영

독일 카셀(Kassel)대학교 직업교육학 박사
한국기술교육대학교 테크노인력개발전문대학원 교수
대한공업교육학회 회장 역임

제 5 판
인적자원개발의 기초

초판발행 2016년 9월 10일
제 5 판발행 2025년 7월 20일

지은이 임세영
펴낸이 안종만 · 안상준

편 집 김선민
기획/마케팅 허승훈
표지디자인 권아린
제 작 고철민 · 김원표

펴낸곳 (주) 박영사
서울특별시 금천구 가산디지털2로 53, 210호(가산동, 한라시그마밸리)
등록 1959. 3. 11. 제300-1959-1호(倫)
전 화 02)733-6771
f a x 02)736-4818
e-mail pys@pybook.co.kr
homepage www.pybook.co.kr
ISBN 979-11-303-2374-9 93370

정 가 15,000원